KOMPASS

Radreiseführer

Rheinradweg

Von Basel nach Mainz

Genussmomente und lohnenswerte Schlenker
für Reise-Radler und E-Bike-Entdecker

Lasse den Alltag hinter dir. Nimm dir die Zeit – Fahr los, um etwas zu erleben und schreibe es nieder. Erinnere dich an deine Reise, an die Natur, die Städte und die Menschen, mit denen du die Momente geteilt hast.

Der Rheinradweg

Von Basel nach Mainz

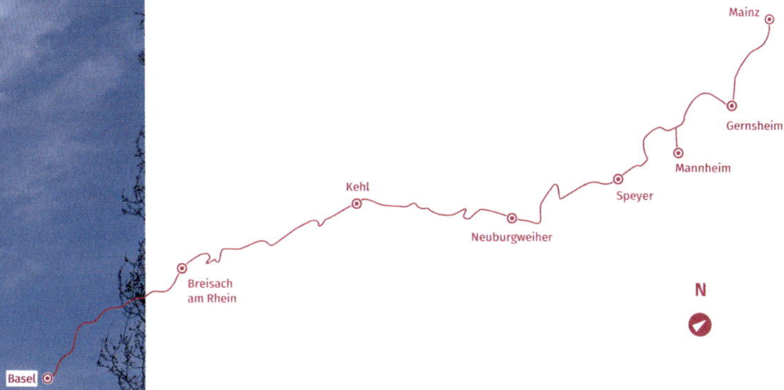

Der Rhein

Reich an Facetten präsentiert sich der 1230 km lange Rhein, den der Rheinradweg von Basel bis Mainz auf fast 400 km begleitet. In den Naturschutzgebieten der Altrheinlandschaft herrscht wildromantische Idylle, während auf dem Handelsstrom reger Frachtschiffbetrieb herrscht, malerisch geben sich die kleinen Weinstädchen mit ihren Fachwerkbauten, während das Leben in Zentren wie Basel und Straßburg pulsiert. Prächtige Schlösser und drei Kaiserdome zieren den Weg, an dem so manch verstecktes Kleinod abseits des klassischen Besucherprogramms lockt.

Unterwegs als Grenzgänger

Basel inmitten des Dreiländerecks bildet den kulturellen Startpunkt dieser Reise entlang des Rheins. Auf Höhe von Breisach am Rhein lohnt linker Hand des Stromes ein Abstecher in die Festungsstadt Neuf-Brisach – ein Meisterwerk französischer Baukunst, ehe es durch die milde Weinbauregion am Fuße des Kaiserstuhls geht. Die Kleinstadt Kehl hat auf der gegenüberliegenden, elsässischen Rheinseite eine besonders bekannte Nachbarin: Straßburg, die „Hauptstadt Europas“ mit ihrer historischen Altstadt und dem weltberühmten Münster.

Barocke Schätze und berühmte Städte

Im Zeichen des Barock geht es zunächst nach Rastatt mit dem stattlichen Residenzschloss – einem Traum in Rosa. Weiter dem Handelsstrom entlang, liegt die barocke Planstadt Karlsruhe, gefolgt von der Garnisonsstadt Germersheim mit Resten der erhaltenen Festungsanlagen, ehe es in eine der ältesten Städte Deutschlands geht, die für ihren Kaiserdom weltweit bekannt ist: Speyer. Der barocke Glanz spiegelt sich auch im Ensemble von Schloss und Schlossgarten Schwetzingen wider sowie in der Quadratestadt Mannheim mit seinem Barockschloss.

Eintauchen in die Geschichte

Nach einem Blick in den Industriehafen von Mannheim warten nun noch einige geschichtsträchtige Stätten entlang des Rheins, als erstes Worms, die Stadt der Nibelungen mit ihrer 2000-jährigen Geschichte. Reizvoll ist auch das mittelalterliche Weinstädtchen Oppenheim. Krönender Abschluss bildet Mainz mit seiner schönen Altstadt mit dem romanischen Dom, der, neben jenen in Worms und Speyer, zu den rheinischen Kaiserdomen zählt. Außerdem verbindet die drei Städte ihr herausragendes, von der UNESCO als Welterbe anerkanntes jüdisches Erbe.

Vorfreude...

Mit dem Zweirad aufzubrechen und aus eigener Kraft entlang des Radfernweges Land und Leute, Kultur- und Naturschätze zu entdecken, ist ein unvergleichliches Erlebnis. Damit dies gelingt, geben dir die nächsten Seiten eine Einführung zum Buch, wertvolle Tipps sowie Erfahrungswerte von Profis zu Tourenplanung und Checklisten. Außerdem gibt es hilfreiche Infos zur Beschilderung entlang des Radweges und zur Wegequalität.

ZUM RADREISEFÜHRER
Alles über die Kapitel, zu Highlights, Schlenker, Wissenswertes und über das Roadbook im Detail... **S.14 – 17**

GPX-TRACK & TOURENPLANUNG
Alle Infos zum Download der Hauptroute und wie man seine persönliche Radtour optimal plant... **S. 18 & 19**

ANREISE MIT DEM ZUG
Umweltfreundlich, ohne Parkprobleme und zusammen mit Freunden. Alle Informationen... **S. 20 & 21**

EXPERTENTIPP
Erfahrungswerte, spezielles zum Elektrorad und die Checkliste vor jeder Fahrt von den Profis... **S. 22 & 23**

EINGEPACKT
Erfahrene Radreisende folgen dem Grundprinzip „Weniger ist mehr". Es gilt den Spagat zwischen sinnvoller Ausrüstung und Gewicht bzw. Packvolumen zu meistern. Des Weiteren sollte systematisch und ausbalanciert gepackt werden. Es schafft Sicherheit und spart Zeit und Nerven. Die Checkliste...
S. 24 & 25

Zum Radreiseführer

Das Buch ist klar und einfach in zwei Teile gegliedert:
Reiseführer & Roadbook

Mit dabei sind ein Kontaktverzeichnis, eine große Extra-Karte und der GPX-Track zur Hauptroute.

Der Reiseführer und die Extra-Karte für den nötigen Überblick zeigen dir das „Rundherum" des Weges und nicht nur den Asphalt unter den Reifen. Hier werden die Stationen des Radwegs charmant beschrieben. Die Einteilung in »**Kapitel**" dient der großräumigen Orientierung. Dabei handelt es sich nicht um Empfehlungen für Tagesetappen. Die Wahl des Fahrrades, mit oder ohne Motorunterstützung und konditionelle Unterschiede erfordern eine individuelle Etappenplanung.

Jedes Kapitel beginnt mit einem illustrierten Höhen- und Streckenprofil zur schnellen Orientierung. Die Beschreibung greift nach und nach den landschaftlichen Charakter und die Sehenswürdigkeiten entlang der Hauptroute auf und vermittelt auf diese Weise ein Gefühl für die Umgebung. Unterbrochen wird der Text durch farblich hinterlegte Infoboxen.

Highlights am Wegesrand: Diese sind im Haupttext hervorgehoben und mit blauem Symbol durchnummeriert (siehe oben rechts). In grünen Infoboxen mit der entsprechenden Symbol-Nummer, wird das jeweilige Highlight detailliert beschrieben. Die Stadtpläne helfen bei der Orientierung an Ort und Stelle. Im Roadbook sind die Sehenswürdigkeiten mittels Symbol-Nummer verortet.

Highlights am Wegesrand 1

Lohnenswerte Schlenker 2

Wissenswertes im Gepäck

Lohnenswerte Schlenker: Neben den Highlights sind im Text auch abseits vom Radweg gelegene Sehenswürdigkeiten als Lohnenswerte Schlenker ausgewiesen. Denn häufig zahlen sich kleinere oder größere Abstecher von der Hauptroute aus, um interessante Orte und Geheimtipps fernab des Trubels für sich zu entdecken. Die Kennzeichnung im Text sowie in der dazugehörigen Infobox und im Roadbook erfolgt ebenfalls über die entsprechende Symbol-Nummer.

Wissenswertes über lokale und regionale historische, landschaftliche oder kulturelle Gegebenheiten wird an vielen Stellen in roten Infoboxen vermittelt. Am Ende eines jeden Kapitels folgt ein **Kulinarischer Abzweig**.

Roadbook: Detailkarten und exakte Wegbeschreibung

GPX-Track: die Hauptroute für die digitale Navigation

Extra-Karte: maximale Übersicht und Planungsinstrument

Das Roadbook enthält die Detailkarten mit eingezeichneter Hauptroute und die dazugehörige Streckenbeschreibung. Stellenweise können mehrere offizielle Varianten des Radwegs existieren. Unsere Autoren haben die Schönste als Hauptroute gewählt und als rote Linie dargestellt. Es ist möglich, dass diese Route punktuell vom offiziellen Verlauf abweicht, um verkehrsreiche Abschnitte zu umfahren oder besondere Highlights entlang der Strecke aufzunehmen. Das Roadbook ist an die aktuellen Bedingungen rund um den Radweg angepasst. Die mittlerweile gute bis hervorragende Beschilderung der beliebtesten Radwege sowie die häufig offiziell erhältlichen Radwege-Apps und digitalen Wegverläufe erlauben es, das Roadbook auf das Wesentliche zu reduzieren und dadurch eine optimale Übersichtlichkeit zu erreichen.

Linien: Unsere Hauptroute wird als durchgezogene rote Linie abgebildet. Ausgewählte Varianten werden als rot gestrichelte Linie dargestellt. Lohnenswerte Schlenker entsprechen der grünen Linie und zweigen von der Hauptroute ab. Maßstabsbedingt können nicht alle Schlenker im Roadbook abgebildet werden.

Wegpunkte: Der Text und die Kartografie sind über die Wegpunkte miteinander verbunden. Schwarze Kreise mit weißer Zahl beschreiben die Hauptroute. Grüne Wegpunkte erläutern den Verlauf der Lohnenswerten Schlenker.

Zusatzinformationen im Roadbook und in den Stadtplänen

—	Hauptroute	- - -	Variante
5	Kilometrierung	—	Lohnenswerter Schlenker
< «	Steigung, starke Steigung		
1 1	Wegpunkte Hauptroute/Lohnenswerte Schlenker		

Kilometrierung: Die Hauptroute ist vom Start bis zum Ziel fortlaufend in regelmäßigem Abstand mittels weißer Kilometerangabe in rotem Kreis beschildert. An jedem Ort ist die bereits zurückgelegte Strecke problemlos ablesbar und die Anschlusskarte schnell gefunden. Steigungspfeile entlang der Route markieren steilere Abschnitte in oder entgegen der Fahrtrichtung.

Sehenswürdigkeiten: Soweit möglich sind die im Reiseführer beschriebenen Highlights und Schlenker im Roadbook mit blauem Symbol und weißer Nummer verortet. Darüber hinaus enthalten die Karten viele weitere Hinweise zu touristischen Attraktionen und landschaftlichen Besonderheiten entlang des Radweges. Die vollständige Kartenlegende befindet sich auf der hinteren Klappe.

Aktuelles: Hochwasser- oder baustellenbedingte Umleitungen sind in der Regel gut ausgeschildert und werden ebenso wie die aktuellsten Verkehrsinformationen, Hinweise und Sicherheitsmaßnahmen auf den offiziellen Seiten des Radwegs und der Touristinformationen kommuniziert. Hilfreiche Adressen und Kontakte finden sich auf den nächsten Seiten und bei den Reiseinfos im Anhang.

GPX-Track & Tourenplanung

Den GPX-Track zur Hauptroute des Roadbooks gibt es hier zum Download:

www.kompass.de/gpx

Für die Planung einer Radtour und der einzelnen Tagesetappen sollte man sich genügend Zeit nehmen. Mache dich mit deiner Tour vertraut und wähle deine persönlichen Highlights aus. Dort wirst du bestimmt mehr Zeit verbringen wollen. Mit großer Sicherheit wirst du auch unterwegs auf den einen oder anderen Ort treffen, an dem du ungeplant verweilen möchtest.

Ohne große Erfahrung mit mehrtägigen Radtouren sollte man eher kürzere Etappen einplanen. Wenn man sein Konditionslevel nicht kennt, ist es hilfreich, vorab einzelne Tagesausflüge mit seinem beladenen Tourenrad zu unternehmen. Dabei sollte man möglichst ohne große Anstrengung fahren, da es auf die Ausdauer und nicht auf die Geschwindigkeit ankommt. So wird schnell klar, bei welcher durchschnittlichen Tages-Kilometer-Leistung die eigene Komfortzone liegt und was die Stärken und Schwächen des Rades und der Sitzposition sind. Des Weiteren gilt es regelmäßig Pausen einzuplanen und evtl. einen Ruhetag an einem lohnenswerten Ziel.

Wie viele Kilometer schafft man? Pauschal kann dies nicht gesagt werden, da zu viele Faktoren eine Rolle spielen wie u.a. die eigene Kondition, das Gepäck, die zu überwindenden Höhenmeter oder auch das Wetter. Starker Gegenwind kann die Durchschnittsgeschwindigkeit halbieren. Mit dem E-Bike kann die Distanz schnell um 20-30% oder sogar 50% und mehr gesteigert werden. Eigene Probefahrten schaffen Gewissheit und helfen, die persönliche Durchschnittsgeschwindigkeit und eine realistische reine Fahrzeit exklusive Pausen für sich zu ermitteln. Damit ist die Tages-Kilometer-Leistung schnell berechnet. Die nachfolgende Auflistung zeigt Erfahrungswerte, also Tages-Distanzen in Abhängigkeit vom Konditionslevel für Radtouren in ebenem bis mäßig hügeligem Gelände und dient der groben Orientierung:

<30 km = relativ einfach (Anfänger und Etappen mit Kindern)
30-40 km = gemütlich (häufige Pausen und größere Gruppen)
40-50 km = durchschnittlich (ab 50 km sind Sportliche schon gut dabei)
50-80 km = erhöhte Kondition (bereits nach leichtem Training machbar)
80-120 km = gute Kondition (mit viel Gepäck benötigt man für 120 km den ganzen Tag)
> 120 km = sehr gute Kondition

Plan B: Sollte man sich bei der Etappenlänge verplant haben, so stehen häufig regionale Fahrradtaxi-Unternehmen, Fähren, Bus und Bahn zur Verfügung (Kontakt über Touristinformationen und die offizielle Radwegseite). Im Notfall kann immer eine alternative Unterkunft gewählt werden.

Anreise mit dem Zug

Umweltfreundlich, mit Freunden als Gruppe und ohne Stau. Mit genügend Vorlaufzeit und Planung gelingt die An- & Abreise per Zug problemlos. Die Frage, wie man nach der Radtour das am Start abgestellte Auto erreicht, stellt sich erst gar nicht. Informationen bieten die folgenden Adressen.

Zentrale Service-Hotline der DB:

0180 6 99 66 33

(20 Cent/Anruf aus dem Festnetz, Mobilfunk max. 60 Cent/Anruf)

Informationen zur Fahrradmitnahme, -versand und -miete. Sowie Buchung bzw. Reservierung von Tickets und Stellplätzen.

Zentrale Service-Hotline der ë BB:

+43 (0)5 17 17

(Gebührenpflichtig. Die Höhe der Gebühr richtet sich ausschließlich nach dem jeweiligen Festnetz- oder Mobilfunkvertrag des Anrufers. Die ÖBB verrechnen keine zusätzlichen Kosten.)

Alle Informationen über die Mitnahme vom Fahrrad bei der Deutschen Bahn:
www.bahn.de/p/view/service/fahrrad/bahn_und_fahrrad.shtml

Tipps der DB, um die Bahnreise mit dem Fahrrad zu erleichtern:
www.inside.bahn.de/checkliste-fahrrad-mitnahme-bahn/

Informationen über die Fahrradmitnahme in den Zügen der Österreichische n Bundesbahnen:
www.oebb.at/de/reiseplanung-services/im-zug/fahrradmitnahme

Der ADFC informiert zu allen Themen rund ums Rad:
www.adfc.de

Tipp vom Experten

Die Profis von Diamant blicken auf eine über 135-jährige Geschichte zurück. Für uns haben sie das Wichtigste zusammengeschrieben, damit die Fahrradtour gelingt.

Checkliste vor jeder Fahrt:

✓ Lenker und Vorbau kontrollieren
✓ Laufräder prüfen (Reifendruck, Befestigung etc.)
✓ Bremsen testen (Bremsbelag, Scheiben, Felgen etc.)
✓ Kettenspannung überprüfen
✓ Sattel (Sitz) und Sattelstütze kontrollieren
✓ Federung prüfen und Wartungsintervall checken
✓ Beleuchtung und Reflektoren sicherstellen
✓ Rahmen und Gabel begutachten
✓ Akku beim Elektrorad prüfen
✓ Pannenset & Kompatibilität kontrollieren

Die Länge einer Tagesetappe hängt von vielen Faktoren ab. Insbesondere von der eigenen Kondition, der Motivation, den Wetter- und Wegebedingungen und natürlich auch von den Wegbegleitern. Greift man auf ein Elektrorad zurück, sind weitere Faktoren zu beachten. Es ist sowohl vor Antritt als auch während einer Fahrt schwierig, die Reichweite der Akkuladung exakt vorherzusagen. Allgemein gilt jedoch:
Bei gleichem Unterstützungslevel des E-Bike-Antriebs: Je weniger Kraft du einsetzen musst, um eine bestimmte Geschwindigkeit zu erreichen (z.B. durch optimales Benutzen der Schaltung), umso weniger Energie wird der Antrieb verbrauchen und umso größer wird die Reichweite einer Akkuladung sein. Je höher der Unterstützungslevel bei ansonsten gleichen Bedingungen gewählt wird, umso geringer ist die Reichweite.

Spezielles zum Elektrorad

- Ganz wichtig: Mach dir bewusst, dass andere Verkehrsteilnehmer womöglich nicht damit rechnen, dass ein Elektrorad schneller fahren kann als ein herkömmliches Fahrrad. Außerdem erhöht eine schnellere Geschwindigkeit das Unfallrisiko.
- Überlaste den hinteren Gepäckträger nicht. Die maximal erlaubte Zuladung des hinteren Gepäckträgers beträgt 20 - 25 kg.
- Reinige das E-Bike niemals mit einem Hochdruckreiniger. Die elektrischen Komponenten sind feuchtigkeitsempfindlich. Unter Hochdruck auftreffendes Wasser kann in Steckverbindungen und andere Teile des Elektrosystems eindringen.
- Akku vor längerer Nichtbenutzung auf bis etwa 60% aufladen (normalerweise 3 bis 4 LEDs der Ladezustandsanzeige). Nach 6 Monaten den Ladezustand prüfen. Leuchtet nur noch eine LED der Ladezustandsanzeige, Akku wieder auf bis etwa 60% aufladen.
- Es ist nicht empfehlenswert, den Akku dauerhaft am Ladegerät angeschlossen zu lassen.
- Wird der Akku längere Zeit in leerem Zustand aufbewahrt, kann er trotz der geringen Selbstentladung beschädigt und die Speicherkapazität stark verringert werden.

Eingepackt

Was muss mit? Diese Packliste beantwortet die Frage. Individuelle Anpassungen sind erforderlich, da jede Radreise einzigartig ist. Beutel und Packsäcke sorgen für Ordnung in den Packtaschen.

NAVIGATION
Kartenmaterial, Radreiseführer
Handy (Ladekabel, Akkus)
GPS-Fahrradcomputer (Ladekabel, Akkus prüfen)

ALLGEMEINES
Ausweise, Papiere, Telefonnummern
Reisedokumente
Bargeld / EC-Karte / Kreditkarte
Stift & Notizbuch
Stirnlampe / Taschenlampe (Ladekabel, Akkus prüfen)
Wasserdichte Schutzhüllen für Handy und Wertsachen
Powerbank (mobile Stromversorgung)

FAHRRADSPEZIFISCH
Tacho/Fahrradcomputer
Getränkeflasche / Schlauch-Trinksystem
Fahrradlicht vorne & hinten
Fahrradwerkzeug für Standardreparaturen & Flickzeug
Ersatzschlauch & Reifenheber
Luftpumpe, Lappen
Schloss
E-Bike-Ladegerät nicht vergessen!

NOTIZEN

KLEIDUNG & SCHUTZ
Tages- & Wechselkleidung
Gepolsterte Radunterhose
Leichte Isolationsjacke
Regenjacke und Regenhose
Schlafzeug, Badezeug
Radtourenschuhe
Wechselschuhe oder Sandalen
Sport-, Sonnenbrille (bruchsicher)
Helm (gesetzliche Helmpflicht in Österreich für Kinder unter 12 Jahren)
Unterhelmstirnband / -mütze
Schlauchtuch / Buff
Fahrradhandschuhe

REISEAPOTHEKE
Erste-Hilfe-Set (inkl. persönliche Medikamente)
Desinfektionsmittel, Mundschutz, Seife
Pflaster / Stretchverband
Sonnen- & Insektenschutz
Augentropfen
Ohrstöpsel

HYGIENE
Kulturbeutel (gepackt)
Duschgel & Shampoo
Zahnbürste & Zahnpasta
Reisehandtuch
Taschentücher

SONSTIGES
Ersatzbrille
Fotoapparat (Speicherkarte & Akkus prüfen)
Unterhaltung: Buch, Spielkarten, Zeitschrift…
Kopfhörer
Feuerzeug & Taschenmesser (mit Schere)
Spülmittel, Schwamm und Geschirrtuch
Campingausrüstung (falls erforderlich)
Geschirr & Besteck

Schilderwald, Wegecharakter, Informationen

Die Beschilderung entlang des Radweges.
Blauer "Rheinradler" / EuroVelo 15 - Markierung / D-Route 8

Der Rheinradweg ist Teil des europäischen Radrouten-Netz EuroVelo und besitzt dort die Kennung EV15. Die angestrebte einheitliche und durchgehende Beschilderung mit dem EV15-Logo ist sehr weit fortgeschritten, weist aber stellenweise und besonders in Großstädten noch Lücken auf. Zum Teil ist nur eine der Flussseiten ausreichend mit Markierungen versehen. Die existierende Beschilderung variiert. In Baden-Württemberg und Rheinland-Pfalz ist der Rheinradler (gelber Radfahrer auf blauem Hintergrund) und das offizielle EV-15-Logo zu finden. In Hessen wird nur das EV-15-Logo verwendet. Der Routenverlauf des Rheinradwegs in Deutschland entspricht zum Teil der D-Route 8 (Rhein-Radweg im Radnetz Deutschland). Die D-Route ist nur einseitig vom Rhein beschildert und verläuft vorwiegend durch Städte.

Die Wegequalität ist überwiegend gut, unterscheidet sich jedoch je nach Region. In Deutschland verläuft die Strecke rechtsrheinisch meist auf gut befestigten, teils fein geschotterten Dammwegen mit unterschiedlicher Qualität und verkehrsarmen Feldwegen sowie auf alphaltierten Radwegen und ruhigen Nebenstraßen. Rechtsrheinisch dominieren asphaltierte Wege. Immer wieder führt die Route auf straßenbegleitenden Radwegen entlang von Hauptverkehrsstraßen.

Auf der französischen Seite werden meist ruhige Nebenstraßen und Dammwege genutzt. Wenige Strecken sind hier etwas verkehrsreicher.

Der meist ebene Radweg ist einsteigerfreundlich. Durch das stellenweise erhöhte Verkehrsaufkommen in den Großstädten und neben den Radwegen, ist er jedoch nur bedingt für Familien geeignet.

Informationen über Sperrungen und Umleitungen bieten die Radroutenplaner der Länder (siehe rechts).

Informationen Rheinradweg in Hessen:
Rheinhessen-Touristik GmbH
Kreuzhof 1
55268 Nieder-Olm
Telefon: (+49) 6136 92398 0
E-Mail: info@rheinhessen.info
www.rheinhessen.de/rhein-radweg-rheinhessen

Informationen Rheinradweg in Baden-Württemberg:
Tourismus Marketing GmbH
Baden-Württemberg
Esslinger Straße 8
70182 Stuttgart
Telefon: +49 711 238580
E-Mail: info@tourismus-bw.de
www.tourismus-bw.de/touren/velo-route-rhein-c96ebddfcd

Informationen Rheinradweg in Frankreich:
Alsace Destination Tourisme
Siège de Colmar
1 rue Schlumberger BP 60337
68 006 Colmar Cedex
Telefon: + 33 (0)3 89 20 10 68
E-Mail: contact@alsaceavelo.fr
www.radfahrenimelsass.de/de/radwege/eurovelo-routen/der-rheinradweg-eurovelo-15-39.html

Radrouten-Netz EuroVelo Rheinradweg (EV15)
www.eurovelo.com/ev15

Bonn
Koblenz
Frankfurt am Main
Wiesbaden
Aschaffenburg
Mainz
Darmstadt
Würzburg
Gernsheim
Trier
Idar-Oberstein
Mannheim
Ludwigshafen
Kaiserslautern
Heidelberg
Speyer
Saarbrücken
Heilbronn
Metz
Karlsruhe
Sarreguemines
Neuburgweier
Hagenau
Stuttgart
N
Nancy
Straßburg
Kehl
Reutlingen
Épinal
Colmar
Breisach am Rhein
Freiburg im Breisgau
Mulhouse
Schaffhausen
Konstanz
Bodensee
Winterthur
Basel
Zürich
Luzern
Bern
Chur

Der

Rheinradweg

Von Basel nach Mainz

Teil 1

Reiseführer

Mittlere Brücke in Basel

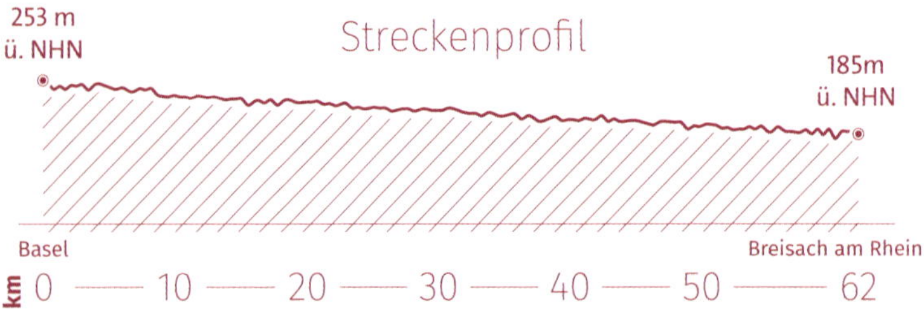

Kulturhauptstadt

Inmitten der Schweizer Alpen, im mystischen Tomasee, liegt die Quelle des Rheins. Von hier aus plätschert das Wasser, noch als zartes Rinnsal, munter in die Tiefe, das sich in seinem Lauf zu einer der verkehrsreichsten Wasserstraßen der Welt entwickeln wird. Würde man eine Flaschenpost vom Tomasee auf Reisen schicken, so wäre sie rund einen Monat unterwegs, bis sie schließlich, zahlreiche Hürden wie den Bodensee überwindend, in dem die Strömung vom Wind bestimmt wird, den 23 m Rheinfall hinunterstürzend und später zahlreiche Schleusen passierend, nach rund 1230 km bei Rotterdam die Nordsee erreichen würde.

1230 km lang ist er also der Rhein? – Mit der Länge des Rheins ist es so eine Sache. Jahrzehntelang wurde die Flusslänge mit 1320 km angegeben. Vermutlich war es ein banaler Zahlendreher, der sich jahrzehntelang in Schulbüchern, Nachschlagewerken und offiziellen Dokumenten fortgeschrieben hat. Erst im Jahr 2010 deckte ein Kölner Wissenschaftler diesen Irrtum auf und der Rhein war plötzlich 90 km kürzer. Von Basel bis Mainz sind es rund 420 km, die wir den Oberrhein, also den Abschnitt, der in Basel an den Hochrhein anschließt und bei Bingen in den Mittelrhein überführt, begleiten wollen. Vielmehr noch als auf die Länge kommt es auf dieser Reise auf den Charakter dieses vielseitigen Flusses an, wie schon Victor Hugo im Zuge seiner Rheinreisen 1839 und 1840 feststellte:

„Der Rhein vereint alle Qualitäten, die ein Fluss aufweisen kann. Er fließt so schnell wie die Rhône, ist breit wie die Loire, in Felsen gebettet wie die Maas, gewunden wie die Seine, klar und grün wie die Somme, geschichtsreich wie der Tiber, königlich wie die Donau, geheimnisvoll wie der Nil, von Gold schimmernd wie ein Strom Amerikas, von Fabeln und Phantomen durchdrungen wie ein Fluss Asiens.“

Highlights am Wegesrand **1**

Basel

Kulturhauptstadt der Schweiz

In Basel gehen Geschichte und Moderne eine zauberhafte Synergie ein. Hier treffen Bauten aus dem 15. Jahrhundert mit moderner Architektur aufeinander – ein reizvoller Kontrast. In der romantischen Basler **Altstadt**, einer der am besten erhaltenen in Europa, mit ihren engen Gässchen und verborgenen Winkeln sollte man das 800 Jahre alte **Basler Münster**, das in romanischem und gotischem Stil erbaut wurde, besichtigen. Die ehemalige Bischofskirche aus rotem Sandstein mit den bunten Dachziegeln und den schlanken Türmen gilt als eines der Wahrzei-

Rheinschwimmen in Basel

chen der Stadt und ist weithin Blickfang der Basler Skyline. Inmitten der Altstadt, am Marktplatz, liegt außerdem das **Basler Rathaus**, ebenfalls aus rotem Sandstein, mit seinem imposanten Turm und der verspielten Fassadenmalerei, das als Sitz der Basler Regierung und des Parlaments dient. Mit 40 Museen weist Basel die höchste Museumsdichte der Schweiz auf, darunter besonders beliebt sind das **Kunstmuseum Basel**, das hochkarätige zeitgenössische Kunst versammelt, das **Museum Tinguely**, das die größte Werksammlung des Schweizer Eisenplastikers beherbergt, und das **Antikenmuseum Basel und Sammlung Ludwig** mit einem Mittelmeerschwerpunkt. In Basel wird nicht nur Kunst gezeigt, hier wird Kultur gelebt!

Nun aber endlich: R(h)ein ins Abenteuer! **Basel** 1 ist unser Ausgangspunkt, quasi im Dreiländereck, wo die Schweiz, Deutschland und Frankreich aufeinandertreffen. Heimliches Wahrzeichen der Stadt ist der Rhein, der bei Basel mit dem Rheinknie einen Schwenk nach Norden vollzieht und den Mittelpunkt des städtischen Lebens darstellt. Wer an einem heißen Sommertag am Kleinbasler Rheinufer flaniert, kann die Locals beobachten, die ins Wasser springen und sich von der Rheinströmung ans gewünschte Ziel treiben lassen. Mit dabei haben sie ihren „Wickelfisch", einen knallbunten, wasserdichten Schwimmsack, in dem Kleidung und Wertsachen trocken bleiben. Nachdem wir uns noch vor Antritt der Tour Zeit für die Kulturstadt genommen haben, begeben wir uns zur Mittleren Rheinbrücke, an deren Stelle im Jahr 1226 eine der ältesten Rheinbrücken zwischen Bodensee und Nordsee eröffnet wurde – ein würdiger Startpunkt!

Kunstmuseum Basel

Stadtplan
Basel
0
100 m
Rhein
Unterer Rheinweg
Breisacher-str.
Klybeckstr.
Sperrstr.
Flora-str.
Klingentalgraben
Untere Rebg.
Claragraben
Claramatte
Drahtzugstr.
Claramattw.
Volkszahnklinik
Messeplatz
Riehenring
Ausstellungsraum Klingental
Klingentalfähre
Museum Kleines Klingental
Weberg.
Ochseng.
Sägerg.
Greifeng.
Claraplatz
St.Clara
Clara-str.
Hammerstr.
Clarahof-weg
Riehenstr.
Turnerstr.
Start
Mittlere Rheinbrücke
Rheingasse
Oberer Rheinweg
Utengasse
Rebgasse
Dolderweg
Lindenberg
Kartausg
Riehentor-str.
Kirchgasse
Wettsteinplatz
Grenzacherstr.
Theodors-kirchplatz
Wettsteinstr.
Theodorsgraben
Alemanneng.
Römer-gasse
Wettsteinallee
Rheinfelderstr.
Anatomisches Museum
Blumenrain
Spiegelgasse
Kellerg.
Eisengasse
Martinskirche
Marktplatz
Rathaus
Rheinsprung
Martinsgasse
Augustinerg.
Museum der Kulturen
Münsterfähre
Naturhistorisches Museum
Münsterplatz
Münster
Schlüsselberg
Freie Str.
Rümelinsplatz
Gerberg.
Rudeng.
Falknerstr.
Pfluggässlein
Weisse G.
Wettsteinbrücke
Schaffhauserrheinw.
Rittergasse
Mühlenberg
St.Alban-Rheinweg
St.Alban-Vorstadt
Karikatur Museum
Leonhardsgraben
Leonhardsberg
Musikmuseum
Kohlenberg
Streitg.
Histor. Museum
Barfüsserplatz
Barfüßer Kirche
Bäumleing.
Sammlung Ludwig
St.Alban-Graben
Kunstmuseum
Dufourstr.
Beim Goldenen Löwen
Puppenmuseum
Steinenberg
Stadttheater
Kunsthalle
Klosterg.
Theaterstr.
Kanoneng.
Steinengraben
Kohlenberggasse
Steinenbachg.
Steinenvorstadt
Parkplatz
Lautengartenstr.
Malzgasse
Aeschenvorstadt
Brunng.
Klosterberg
Theater Basel
Steinentorstr.
Birsig
Haus zum Kirschgarten
Henric Petri-Str.
Kirscheng.
Sterneng.
Hirscheng.
Schmerzklinik Basel
Aeschenplatz
St.Alban-Anlage
Gartenstr.
Engelg.
Heuwaage-Viadukt
Heuwaage
Elisabethenstr.
Bollwerk-Pr.
Wallstr.

Lohnenswerter Schlenker 2

Vitra Design Museum

in Weil am Rhein

Das Vitra Design Museum zählt zu den führenden Designmuseen weltweit. Im Zentrum des Hauses stehen die Geschichte und Gegenwart des Designs, wobei der Bogen von Architektur über Kunst bis hin zu Alltagskultur gespannt wird. Das Hauptgebäude wurde vom US-amerikanischen Architekten Frank O. Gehry entworfen, der Komplex mit seinen Türmen, Rampen und Kuben ist schon von außen ein Hingucker. Hier werden jährlich zwei große Wechselausstellungen präsentiert. Im Vitra Schaudepot, entworfen von Herzog & de Meuron, werden Schlüsselobjekte der 20.000 Objekte umfassenden Sammlung gezeigt, darunter insbesondere Möbel und Leuchten sowie sammlungsbezogene Wechselausstellungen, die sich Themen wie Zukunftstechnologien, Nachhaltigkeit oder sozialer Verantwortung widmen.

Geradelt wird rechtsrheinisch. Zugegeben, die zertifizierte Route des EuroVelo 15, alias Rheinradweg, führt über weite Strecken beiderseits des Rheins. Aber für eine der beiden Seiten müssen wir uns nun mal entscheiden und wir wollen dem Grenzfluss auf deutscher Seite folgen – also rechtsrheinisch, in Stromrichtung rechts gelegen. (Die linksrheinische französische Seite wird von einem Kanalsystem durchzogen, dem die Rheinroute oft kilometerweit folgt.)

Man folgt dem Rhein aus der Stadt, die Dreirosenbrücke passierend, wenig später führt eine Brücke über den Wiesezufluss. Bald ist die Grenze zu Deutschland erreicht. Der Blick fällt auf die imposante Dreiländerbrücke, die die deutsche Stadt Weil am Rhein mit dem französischen

Innenansicht Vitra-Schaudepot

Huningue verbindet. Sie gilt als längste freitragende Fußgänger- und Fahrradbrücke der Welt und wurde für ihre Architektur mehrfach ausgezeichnet.

Das **Vitra Design Museum** 2 lockt in Weil am Rhein zu einem lohnenswerten Schlenker. Ein weiterer Abstecher empfiehlt sich in die lebendige Einkaufs- und Kulturstadt Lörrach mit dem **Dreiländermuseum** 3, das sich der Drei-Länder-Region zwischen Schwarzwald, Vogesen und Schweizer Jura widmet.

Nun aber zügig weiter! Der Radweg führt wieder zum Ufer des Rheins und nach einer markanten Rechts-Links-Kurve zum Stauwehr Märkt, das 1932 fertiggestellt wurde und den südlichen Ausgangspunkt des „Grand Canal d'Al-

Lohnenswerter Schlenker **3**

Dreiländermuseum

in Lörrach

Das einzige Dreiländermuseum Europas erzählt von der Geschichte und Gegenwart am Kreuzungspunkt zwischen Baden, Elsass und der Nordschweiz und der Rolle der Grenze für Wirtschaft, Politik und die Bevölkerung. Neben dieser zentralen Dauerausstellung zeigt das Museum jährlich mehrmals wechselnde Sonderausstellungen. Außerdem nennt das Dreiländermuseum eine der umfangreichsten Sammlungen Südbadens ihr eigen, darunter Keramiken von Max Laeuger und Erinnerungen an die Revolution 1848. Darüber hinaus widmet sich die Einrichtung dem Schriftsteller Johann Peter Hebel, der von 1783 bis 1791 im heutigen Museum lehrte und wohnte. Das Dreiländermuseum wurde mehrfach mit Preisen ausgezeichnet.

Dreiländermuseum

sace“ darstellt. Auf der Weiterfahrt wird der Blick immer wieder auf den Schiffskanal freigegeben, der landläufig auch als Rheinseitenkanal bezeichnet wird. Er verläuft westlich bzw. auf der orografisch linken Seite des Rheins und verbindet auf französischer Seite Village-Neuf im Süden mit Vogelsheim im Norden bzw. Weil am Rhein mit Breisach auf deutscher Seite. Die nächsten Kilometer verlaufen auf dem flachen, angenehm zu fahrenden Radweg direkt am Rheinufer entlang, vorbei an der Abzweigung nach Efringen-Kirchen.

Zwischen Rhein und Reben folgt Istein. An den Isteiner Schwellen rauscht das Wasser nur so dahin. Die kleinen Sand- und Steinstrände laden zu einer kurzen Rast und verlocken zum Steinewerfen. Zwischen den Dörfern Istein und Kleinkems hebt sich rechter Hand ein markanter Bergrücken gen Himmel empor: Der Isteiner Klotz, der aus Kalkgesteinen des Oberjuras aufgebaut ist und rund 90 m über den Terrassen des Rheins aufsteigt, bietet Einblicke in längst vergangene Welten und zählt zu den bedeutendsten nationalen Geotopen. Außerdem ist der Felsblock aufgrund seines vielfältigen Vegetationsmosaiks als Naturschutzgebiet ausgewiesen. Hier gedeihen seltene und vom Aussterben bedrohte Pflanzen wie die Grundblütige Segge und das Zierliche Federgras. In einer Felsnische befindet sich die Vituskapelle, die um 1100 errichtet wurde. Auf dem Klotz selbst thronte einst die Burg Istein, an die jedoch nur noch wenige Mauerreste erinnern.

Nach Passieren weiterer Abzweigungen zu den naheliegenden Orten Kleinkems und Rheinweiler nähert sich der Radweg

Wissenswertes im Gepäck

Rhein oder Aare?

Warum der Rhein Aare heißen müsste …

Beim Zusammenfluss zweier Flüsse ist üblicherweise die Wassermenge ausschlaggebend für die Namensgebung. Da die Aare bei ihrer Zusammenkunft mit dem Rhein bei Koblenz mehr Wasser führt, müsste eigentlich sie als Hauptfluss gelten. Da der Rhein bei ihrer Begegnung jedoch den längeren Flusslauf vorweisen kann, konnte er sich bei der Namensgebung durchsetzen.

Der Name „Rhein" selbst geht wahrscheinlich auf das keltische Wort für „fließen" zurück. Die berühmte Formel „panta rhei", „alles fließt", die auf den griechischen Philosophen Heraklit zurückzuführen ist, wird angesichts des stetigen Wandels des Rheins augenscheinlich.

Und wo wir schon beim Thema Namensgebung wären… Die Bezeichnung „Vater Rhein" geht auf die Antike zurück, als der Fluss als „Rhenus Pater", also „Vater Rhein" verehrt wurde.

der Autobahn an, ehe Bad Bellingen erreicht wird – eines der sonnigsten Heilbäder Deutschlands. Wem zwischendurch nach Entspannung ist, der kann sich hier im Mineral-Thermalbad der **Balinea Thermen** etwas Gutes tun und die Seele baumeln lassen.

Auf dem schönen Naturweg begleitet der Radweg den Rhein weiter in Richtung Norden, wobei ja manche behaupten, der Rhein trage seinen **Flussnamen** zu Unrecht und müsste eigentlich Aare heißen…

Das nächste Zwischenziel ist, nach Unterquerung der Autobahn und der Rheinbrücke, die alte Zähringerstadt Neuenburg am Rhein. Anlässlich der Baden-Württembergischen Landesgartenschau 2022 wurde hier unter dem Motto Stadt. Land. Fluss. ein neues Naherholungsgebiet geschaffen, das die Stadt mit dem Rhein verbindet – ganz nach der Devise „Eine Stadt geht zum Rhein".

Vorbei an Zienken geht es schnurstracks auf dem Naturweg dem Rhein entlang. Rechts führt eine Abzweigung nach

Brunnen mit „Vater Rhein"

Grießheim, die getrost ignoriert werden kann. Der Flusslauf des Rheins wird hier zusehends enger, das Rauschen des fließenden Wassers dafür umso lauter. Nach einer Annäherung an die Autobahn geht es weiter, vorbei an der Abzweigung nach Hartheim. Wer **Freiburg** einen Besuch abstatten will, kann hier rechts abbiegen. Der Abstecher beträgt allerdings rund 20 km (in eine Richtung). – Etwas mehr als ein kleiner Schlenker… Wer es dennoch wagt, sollte unbedingt ein Bächleboot auf einem der Freiburger Bächle, die gemütlich durch die Gassen der Altstadt plätschern, schwimmen lassen.

Nun aber wieder weiter. Man passiert die Abzweigung nach Bad Krozingen. Direkt am Flussufer kommt man Breisach immer näher. In der Ferne ist

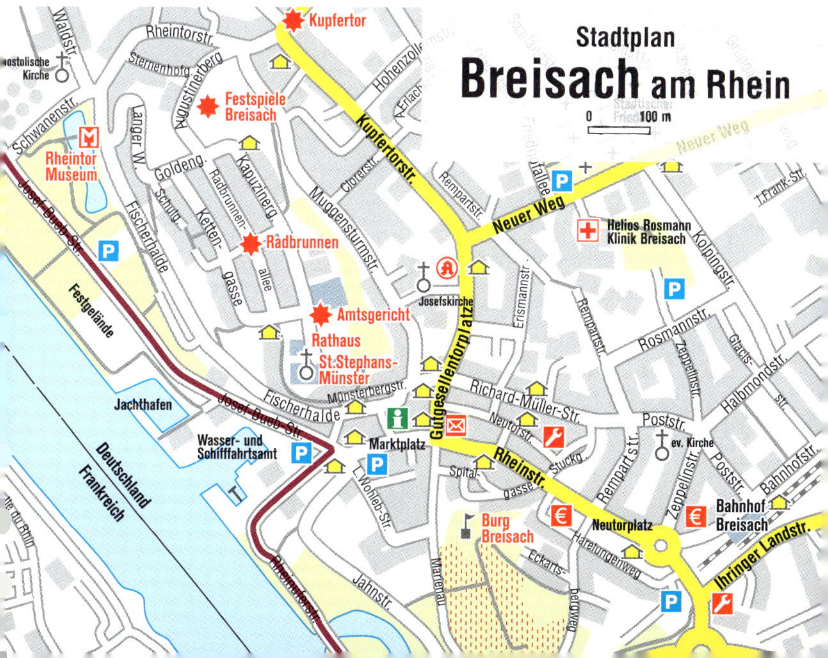

Neuf-Brisach

bald die große Rheinbrücke von Breisach zu erkennen. Sie muss unterquert werden, ehe man endlich **Breisach am Rhein** erreicht. Über der Rheinebene thront das Wahrzeichen der Stadt, der St. Stephansmünster, mit seinen beiden unterschiedlichen Kirchtürmen. Der Sakralbau wurde im ausgehenden 12. Jahrhundert begonnen und im späten 15. Jahrhundert vollendet, weist spätromanische und gotische Elemente auf und birgt so manchen Schatz. An den Breisacher Münster schließt der historische Stadtkern an. Allerdings wurde die Stadt im Zweiten Weltkrieg fast vollständig zerstört.

Auf der gegenüberliegenden Seite des Rheins, rund 5 km von Breisach entfernt, liegt die französische Stadt Neuf-Brisach, die Stadt des Sonnenkönigs. Die sternförmig angelegten **Festungsanlagen von Vauban** (4) zählen seit dem Jahr 2008 zum UNESCO-Weltkulturerbe und sind allemal einen Schlenker und Besuch wert.

Dächerlandschaft von Breisach am Rhein

Vauban-Festungsanlage

Architekturerbe in Neuf-Brisach

Nachdem der französische Sonnenkönig Ludwig XIV. im Pfälzischen Erbfolgekrieg Breisach besetzt hatte, musste er die befestigte Stadt nach dem Frieden von Rijswijk 1697 wieder abgeben. Da die Grenzregion am Rhein damit schutzlos wurde, beauftragte Ludwig XIV. den Festungsbaumeister Sébastian Vauban damit, auf der anderen Seite des Rheins eine neue, befestigte Garnisonsstadt zu errichten.

Die auf dem Reißbrett geplante Stadt wurde in Form eines Achtecks angelegt und durch sternenförmig angeordnete Bastionen gesichert. Die architektonisch einzigartige Festungsanlage von Neuf-Brisach, die fast vollständig erhalten ist, wurde 2008 gemeinsam mit elf weiteren beispielhaften Befestigungsanlagen des französischen Militärarchitekten in die UNESCO-Weltkulturerbeliste aufgenommen. Wer durch die Stadttore das Reich Vaubans betritt, taucht ein in die Geschichte und gewinnt einen einmaligen Einblick in die Befestigungstechnik des 17. Jahrhunderts.

Essen, Trinken & Durchatmen

Ein kulinarischer Abzweig

Alte Hausrezepte der traditionell badischen Küche wie „Saure Leberle“ stehen auf der Speisekarte im **„Gasthof Adler“** in Neuenburg. Dem kulinarischen Kalender folgend, werden außerdem saisonale regionale Spezialitäten wie Spargel, Pfifferlinge, Fisch oder Wild serviert. Die Nähe zur französischen Grenze schlägt sich auch in der Küche nieder: Zwischendrin finden sich auch mal elsässische und andere internationale Akzente in den Gerichten. Der Familienbetrieb wird seit 150 Jahren, mittlerweile in der fünften Generation, geführt.

Gasthof Adler
Breisacher Straße 20
79395 Neuenburg am Rhein
Tel. +49 7631 72120
www.adler-neuenburg.de

Kulinarische Genüsse und Blick auf den Rhein und vorbeiziehende Schiffe aus der ersten Reihe direkt von der Sonnenterrasse verspricht **„Kläsles Restaurant am Rhein“** in Breisach, das Gastgeber Wilhelm Kläsle seit über zwei Jahrzehnten betreibt. In direkter Nachbarschaft befindet sich die zugehörige **„Hafenhalle Breisach“**. Die moderne Kulisse mit den hohen Räumen dient als Eventlocation und Restaurant, in dem Burger und Flammkuchen aufgetischt werden.

Kläsles Restaurant am Rhein & Hafenhalle
Hafenstraße 11
79206 Breisach am Rhein
Kläsles Restaurant am Rhein:
Tel. +49 7667 1023
Hafenhalle: Tel. +49 7667 9294519
www.klaesles-gastronomie.de

Zwischen Vogesen

Blick über den Rhein zum Münsterberg von Breisach

78 **km**

7 Schlenker & Highlights

Streckenprofil

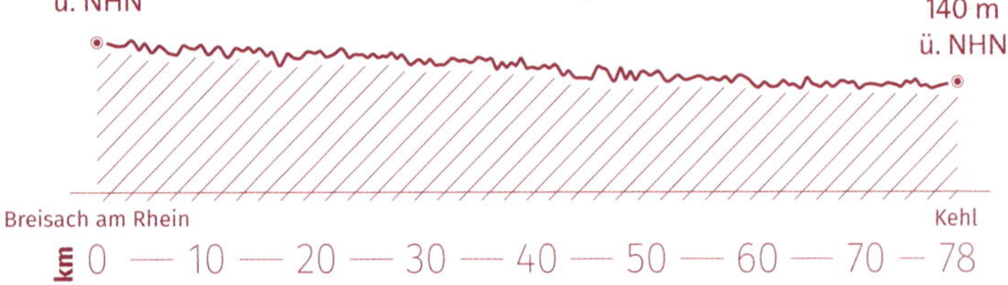

und Schwarzwald

Nachdem man von Breisach am Rhein die Aussicht auf den Schwarzwald und das Elsass genossen hat, begibt man sich wieder an den Rhein, dem der Radweg weiterhin gen Norden folgt.

Zwischen Rhein und Schwarzwald erhebt sich im Osten der Kaiserstuhl, ein kleines Mittelgebirge vulkanischen Ursprungs. Die Region gilt als eine der wärmsten und sonnenreichsten Deutschlands. Die günstigen klimatischen und geologischen Gegebenheiten bilden die Grundlage für den Anbau von **Wein**. Die lange Weinanbautradition am Kaiserstuhl geht bis zu den Römern zurück. Der badische Winzerkeller in Breisach gilt als eine der größten Erzeugergemeinschaften Deutschlands. Rund 4.000 Winzer und Winzerfamilien sind Teil dieser Erzeuger-Weinkellerei. Produziert werden vorzugsweise Burgunderweine, der Kaiserstühler Müller-Thurgau sowie der feinfruchtige Silvaner. Einen Einblick in die Arbeit der Winzer kann man bei einer Kellerführung gewinnen. Selbstverständlich gehört eine Degustation auch dazu.

Auf einem straßenbegleitenden Radweg geht es weiterhin auf der orografisch rechten Seite des Rheins Richtung Burkheim. Links führt ein schattiger Waldweg wieder zum Damm, ab hier radelt man entweder unterhalb des Damms oder – aussichtsreicher – auf ihm. Rechter Hand säumen immer wieder malerische Tümpel und aufgestaute Seen den Weg. Ein Sprung in das Wasser des naturbelassenen Burkheimer Baggersees bietet bei Bedarf Erfrischung. Auf der anderen Seite des Radwegs, am Rhein, herrscht indes reger Schiffsverkehr.

Das mittelalterliche Städtchen **Burkheim** liegt nun zur Rechten. Der historische Kern des malerischen Weinstädtchens mit seinen reizvollen Gässchen und Fachwerkhäusern lädt zum Verweilen ein. Burkheim beheimatet eine ganz

Wissenswertes im Gepäck

Wein am Rhein

Wo feine Reben gedeihen

Gleich mehrere der insgesamt 13 deutschen Weinbaugebiete liegen entlang des Rheins, wobei jede Region durch eigene Rebsorten und Winzertraditionen charakterisiert wird. Das südlichste Weinbaugebiet Deutschlands ist Baden, das sich über 400 km vom Bodensee über Breisach bis zur Tauber im Norden erstreckt und dem auch der Weinbaubereich am Kaiserstuhl zuzurechnen ist. So vielfältig wie die Böden und die klimatischen Gegebenheiten sind auch die Rebsorten und folglich auch die Weinaromen. In Baden werden Grauburgunder, Riesling, Müller-Thurgau, Gutedel, Silvaner, Weissburgunder, Spätburgunder, Schwarzrießling, Cabernet Sauvignon, Merlot und weitere mehr gekeltert.

Deutschlands größtes Weinanbaugebiet, Rheinhessen, liegt zwischen Bingen, Mainz und Worms und wird im Norden und Osten vom großen Rheinbogen umschlossen. Hier dominieren v. a. Weißweine wie der Silvaner, die Rotweinfläche ist aber im steigen.

Im Norden schließen die Weinbauregionen Rheingau und Mittelrhein an. Letztere ist berühmt für die Steillagen, auf denen die Weinreben gedeihen.

Wer zufällig zur Zeit eines Weinfestes in der Gegend ist, sollte sich dieses Ereignis nicht entgehen lassen. In manchen Orten werden dabei sogar mittelalterliche Traditionen gepflegt. Jedenfalls sollte man in einer der Weinstuben, Winzerschenken oder Straußwirtschaften vorbeischauen. Dort wird ausgeschenkt, was am eigenen Weinberg wächst, und dazu Leckeres aus der Küche, dem Keller oder der Räucherkammer serviert.

Picknick am Abend in den Weinbergen im Naturgarten Kaiserstuhl

besondere Museumsrarität: Inmitten der Altstadt zeigt das **Korkenzieher Museum Kaiserstuhl**, an welchen Lösungen seit über 350 Jahren getüftelt wird, um Korken aus Flaschen herauszuziehen. Zu sehen sind über 800 Korkenzieher, historische ebenso wie moderne Designerstücke, die die Fantasie und den Ideenreichtum ihrer Entwickler widerspiegeln. Wahrzeichen des Städtchens Burkheim ist jedoch das Schloss am Ortsrand, das im 13. Jahrhundert erstmals erwähnt wurde. Im 16. Jahrhundert wurde es zerstört, heute sind nur noch die Ruinen erhalten.

Am auffällig blau gestrichenen Wehr bei Burkheim trennen sich der Grand Canal d'Alsace und der Rhein wieder. Zwischen Breisach und Strasbourg/Kehl verläuft der Schifffahrtsweg nämlich abwechselnd im alten Rheinbett und im Grand Canal d'Alsace, in den sogenannten „Schlingen“– eine Maßnahme, um dem Absinken des Grundwasserspiegels aufgrund des Baus des Rheinseitenkanals entgegenzuwirken. Im Vertrag von Versaille wurde 1919 Frankreich das Recht zur alleinigen Nutzung des Rheinwassers zugesprochen, woraufhin Frankreich den Grand Canal d'Alsace bauen ließ, der der Schifffahrt und der Stromerzeugung dienen sollte. Die Abdichtung des Kanals hatte zur Folge, dass das Kanalwasser nicht mehr in das Grundwasser gelangen konnte und somit der Grundwasserspiegel sank. Aus diesem Grund wurde die Weiterführung ab Breisach als „Schlingenlösung" umgesetzt.

Maginot-Linien-Museum in Marckolsheim

Am Wehr von Burkheim vorbei radelt man dem Altrhein entlang, rechts auf einem Felssporn die Ruinen der Burg Sponeck. Nach der Staustufe, alternativ auch erst nach der zweiten Staustufe, kann man nach rechts in den Winzerort Sasbach am Kaiserstuhl abzweigen. Der Weg aber führt unterhalb des Lumbergs weiter. Auf der französischen Seite, über die Rheinbrücke erreichbar, liegt die Stadt Marckolsheim, in der das **Musée Mémorial de la Ligne Maginot du Rhin** 5 an die schrecklichen Kämpfe im Juni 1940 erinnert.

Auf der Weiterfahrt passiert man eine Abzweigung nach Wyhl am Kaiserstuhl und auch jene nach Weisweil, ehe man dem Rhein mit einer scharfen Rechtskurve den Rücken zuwendet und in einen Schatten spendenden Wald radelt. Geradeaus könnte man über das Stauwehr in das **Réserve naturelle de l'Ile de Rhinau** auf französischer Seite übersetzen. Das Naturschutzgebiet auf der 10 km langen Insel zwischen dem Rheinseitenkanal und dem Restrhein gleicht einem kleinen Dschungel. Dank der saisonalen Überschwemmungen ist die Ar-

Rund 140 Vogelarten leben auf Ile de Rhinau, darunter die Krickente

Maginot-Linien-Museum

Entlang der französischen Grenze wurde von 1930 bis 1940 ein Verteidigungssystem aus einer Linie von Bunkern errichtet, die als Maginot-Linie bezeichnet wurde. Die Kasematte Nr. 35 der 3. Verteidigungslinie von Marckolsheim war als Teil dieses Systems im Zweiten Weltkrieg Austragungsort schwerer Kämpfe, die im Juni 1940 zur beinahe vollständigen Zerstörung von Marckolsheim führten. Heute dient die Kasematte als Mahnmal und Erinnerungsstätte. Der eingerichtete Bunker mit Geschützräumen, Schlafsaal und Kommandoposten vermittelt einen Eindruck vom harten Soldatenalltag im Jahr 1940. Auf dem Gelände sind u. a. ein Sherman-Panzer, ein Half-track und eine Feldküche ausgestellt. Das Museum versteht sich als Zeitzeuge und will gleichzeitig dazu beitragen, durch Erinnerung und Gedenken den Frieden zu stärken.

Blaues Loch im Naturschutzgebiet Taubergießen

tenvielfalt des malerischen Auenwalds besonders vielfältig. Frösche, Libellen und diverse Vogelarten fühlen sich hier in diesem Mix aus Teichen, Röhrichten, Bächen und Wiesen besonders wohl.

Weisweil wird umfahren. Nach Überquerung des Leopoldskanals gelangt man nach Rheinhausen, Ortsteil Oberhausen. Wem nach Action zumute ist, der kann nun nach Rust weiterfahren. Dort lädt der **Europapark Rust**, Deutschlands größter Freizeitpark, mit über 100 Attraktionen zu einer Entdeckungsreise quer durch Europa. Weitaus beschaulicher und geruhsamer wird es dagegen weiterhin auf dem Rheinradweg, der in weiterer Folge auch wieder direkt den Fluss begleitet. Besonders wild-romantisch geht es im **Naturschutzgebiet Taubergießen** 6 zu, das sich hier zwischen Rheinhausen, Rust und Kappel-Grafenhausen entlang des Stromes erstreckt.

Zurück auf dem Bike geht es erstmal wieder gut 5 km dem Rhein entlang, ehe der Weg zur Umfahrung des Gewässers nach rechts abschwenkt. In einem Linksbogen geht es aber gleich wieder zum Dammweg, wobei die Abzweigung nach Kappel ignoriert wird. Bei Rheinkilometer 258 verkehrt die Rheinfähre Rhenanus, die Kappel-Grafenhausen mit dem französischen Rhinau verbindet. Auf deutschem Boden fährt man auf dem aussichtsreichen Dammweg abermals rund 5 km, nach rechts weist der Weg nach Nonnenweiher. Wer einen Zwischenstopp einlegen möchte, kann der einstigen Handelsstadt **Lahr** in der Vorbergzone des Schwarzwaldes einen Besuch abstatten, dessen schmucke Innenstadt, ein Ensemble aus Fachwerkhäusern und stattlichen Bürgerhäusern, allerhand von der Geschichte der Stadt erzählt.

Das Kraftwerk Gerstheim, das 1967 in Betrieb genommen wurde, fungiert als grenzüberschreitende Brücke zwischen Deutschland und Frankreich. Wer einen Ausflug in die moderne und zeitgenössische Kunst unternehmen möchte, der

6 *Highlight* am Wegesrand

Naturschutzgebiet Taubergießen

Wilde Romantik am Rhein

Jahrtausendelang gestaltete der Rhein die Landschaft immer wieder von Neuem, bis der gestalterischen Kraft durch die Flussbegradigung ein jähes Ende gesetzt wurde. Um einen Teil dieser Auenlandschaft mit ihrer beeindruckenden Artenvielfalt zu erhalten, wurde 1979 der Taubergießen zum Naturschutzgebiet erklärt. Die Altrheinarme sind wie ein Mosaik aus Wasser und Wald und Lebensraum zahlreicher seltener und gefährdeter Pflanzen- und Tierarten. Mit etwas Glück kann man die scheuen Eisvögel im Dickicht erspähen und auch Lachse, die einst in Massen zur Fortpflanzung vom Meer in die kiesreichen Abschnitte des Rheins wanderten, finden hier schöne Laichplätze. Durch das Naturschutzgebiet führen mehrere Themenwege, auf denen man die Natur hautnah erleben kann. Ein besonderes Erlebnis sind die traditionellen Stockerkahnfahrten, bei denen man unter fachkundiger Führung die vielfältige Auenlandschaft vom Wasser aus erkunden kann. Im Naturzentrum Rheinauen in Rust kann man sich über die wilden Welten der Rheinauen informieren.

Musée Würth

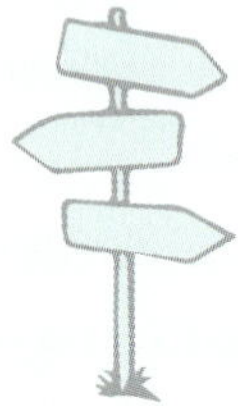

Hochkarätiges Kunsterlebnis

Das Musée Würth France Erstein wurde 2008 in unmittelbarer Nähe zum Unternehmenssitz von Würth France eröffnet. In Wechselausstellungen wird die facettenreiche Kollektion der an die 18.000 Werke umfassenden Privatsammlung des Unternehmers und Kunstförderers Reinhold Würth der Öffentlichkeit zugänglich gemacht. Die Sammlung umfasst moderne und zeitgenössische Kunst sämtlicher künstlerischer Strömungen vom späten 19. Jahrhundert bis heute. Die Kunst wird in der Unternehmensgruppe Würth als fester Bestandteil der Unternehmenskultur betrachtet, der geschäftliche Alltag und die Kunst bilden ein inspirierendes Neben- und Miteinander in den zwei architektonischen Gegenstücken, dem Unternehmenssitz in Form des gläsernen Schiffes und der undurchsichtigen Geometrie der Mauern aus Sichtbeton des Musée Würth.

Musée Würth

Idylle bei Schwanau

muss hier übersetzen und sollte in Erstein das **Musée Würth** 7 besichtigen.

Rechtsrheinisch hingegen geht es weiter, dem Fluss entlang, in Richtung Kehl, vorbei an Ottenheim. Eine riesige Kiesgrube muss rechts umrundet werden. Bei günstigen Sichtverhältnissen grüßt in der Ferne bereits der Strasbourger Münster, der noch rund 30 km entfernt ist. Teil des Werksgeländes ist der Vältinschollensee, der bei Surfern, Seglern und Anglern beliebt ist und in dem man sich auch bei einem Bad erfrischen kann. Nach der Passage um den Baggersee setzt sich der Radweg wieder am Rheindamm fort. Die Abzweigung nach rechts Richtung Ichenheim ist nur für jene interessant, die einen Abstecher in die Stadt Offenburg machen möchten, um dort im historischen Stadtkern ein wenig zu flanieren. Auf dem Rheinradweg geht es unterdessen geradewegs am Rheinufer entlang, links breitet sich, auf französischem Boden, der Plan d'Eau de Plobsheim aus. Dieses Ausgleichsbecken des Rheins ist gleichermaßen Anziehungspunkt für Wasservögel wie für Wassersportler wie Windsurfer, Kiter und Segler. Am nördlichen Rand wird das Plobsheimer Becken durch die blaue Pierre-Pflimlin-Brücke begrenzt, die eine Anbindung hinüber ins französische Illkirch-Graffenstaden bietet. Der Weg schlängelt sich zwischen Rheinarmen und Baggerseen hindurch. Hier trifft man immer wieder auf Schwäne, manche von ihnen ganz in Grau gehüllt. In einem Rechtsbogen wird ein kleiner Hafen umfahren, rechts weist der Weg nach Marlen. Der Wald lichtet sich wieder, auf dem Damm geht es durch die Rheinauen. Die Industrieschlote von **Kehl** rücken mehr und mehr ins Blickfeld. Nach Passieren einer Wehranlage ist das Ziel dieses Kapitels bereits in Reichweite.

Gegenüber dieser gemütlichen badischen Kleinstadt liegt die elsässische Nachbarstadt **Strasbourg**, die über die Passerelle des deux Rives mit dem Fahrrad oder zu Fuß angebunden ist und für deren Besichtigung jedenfalls mindestens ein Tag eingeplant werden sollte. Zum Pflichtprogramm gehören das **Strasbourger Liebfrauenmünster** 8 – das Wahrzeichen der Stadt –, die Altstadtinsel **Grande Île** 9, das **Gerberviertel „Petite France“** 10 mit den reizenden Fachwerkhäusern sowie das moderne Viertel der **Europäischen Institutionen** 11.

Lohnenswerte Schlenker

in Strasbourg

8 Strasbourger Münster

142 m ragt der Turm des Strasbourger Münsters aus der Stadtsilhouette empor. Für Victor Hugo glich das Meisterwerk gotischer Baukunst gar einem „Wunder, unermesslich und zierlich zugleich“. Wahrlich – die Kathedrale aus rosafarbenem Vogesensandstein ist gleichermaßen imposant ebenso wie reich an Feinheiten. Fast drei Jahrhunderte wurde am Strasbourger Liebfrauenmünster gearbeitet. Die unzähligen Skulpturen an der Fassade wissen allerhand Geschichten zu erzählen. Trifft das Sonnenlicht auf die Kirchenfenster, allen voran die prächtige Rosette, entsteht ein Spiel aus Licht und Schatten. Zu den Highlights im Inneren des Münsters zählt auch eine astronomische Uhr aus dem Jahr 1547, die täglich, pünktlich um 12:30 Uhr, zum Leben erwacht. Dann nämlich, wenn die Kirchturmglocke schlägt, erwachen die Figuren der Uhr zu Leben. Lohnenswert ist auch die Besteigung der Münsterplattform. Wer die 330 Stufen überwunden hat, wird mit einem atemberaubenden Blick über die Dächerlandschaft Strasbourgs bis zu den Vogesen und zum Schwarzwald belohnt.

9 Grande Île

Das Strasbourger Münster liegt auf der Grande Île, die 1988 in

Strasbourger Münster

das Weltkulturerbe der UNESCO aufgenommen wurde. Die historische Altstadt auf der Insel, die von einem Nebenfluss des Rheins umflossen wird, erkundet man zu Fuß. Kleine Gässchen, prächtige Plätze wie der Place Kléber und vor allem die steilen Dächer mit teils mehreren Dachgeschossen, deren Charme sich besonders von der Aussichtsplattform auf dem Münster preisgibt, sind charakteristisch für das Stadtviertel. Durch die Altstadt geht man am besten erhobenen Blickes, denn die Fassaden der Bauten, viele darunter Fachwerkhäuser, sind besonders reizvoll. Das reich verzierte Haus Kammerzell mit seinem geschmückten Gebälk, den Butzenscheibenfenstern und dem steinernen Erdgeschoss ist eine absolute Augenweide. Sehenswert sind außerdem der 1742 vollendete Rohan-Palast, der einst den vier Kardinälen der Rohan-Dynastie, später dann als Rathaus, Kaiser- und Königspalast diente und heute das Archäologische Museum, das Kunstgewerbemuseum und das Kunstmuseum beherbergt.

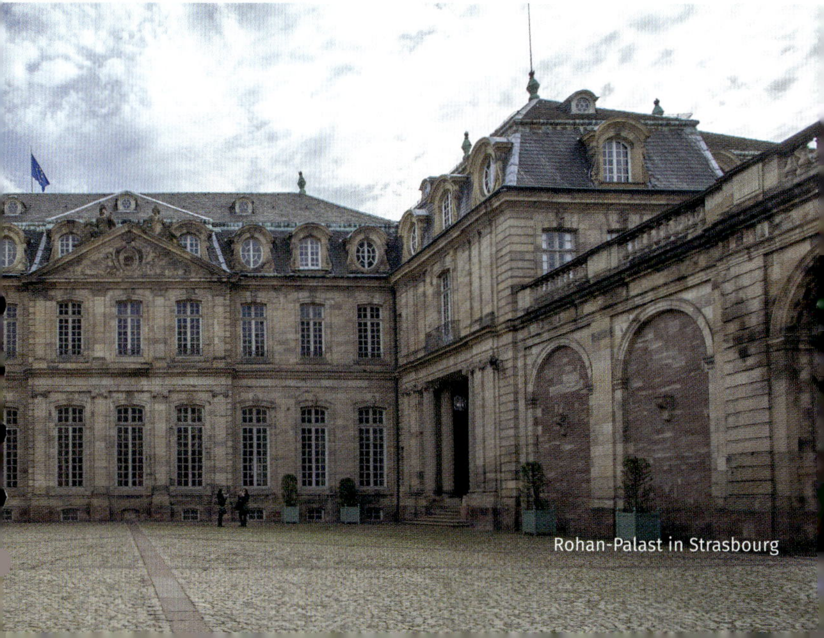
Rohan-Palast in Strasbourg

10 Petite France

Das Flüsschen Ill und drei Kanäle schlängeln sich allerorts durch das ehemalige Gerberviertel, dessen bunte Fachwerk-Fassaden aus dem 16. und 17. Jahrhundert sich im Gewässer spiegeln. Wo einst Gerber, Fischer und Müller lebten und arbeiteten, schlendert man heute durch die verträumten Gässchen auf der Suche nach einem charmanten Restaurant im wohl malerischsten Stadtviertel Strasbourgs. Unter den steilen Dächern hier im „kleinen Frankreich" wurde einst Leder getrocknet. Der strenge Geruch, den die Häute und Felle einst verbreiteten, ist längst verflogen. Stattdessen liegt ein Zauber von den vergangenen Tagen in der Luft rund um den charmanten Place Benjamin Zix oder in der Rue du Bain-aux-Plantes, der Straße mit ihren strahlend weißen Fachwerk-Fassaden. An ihrem Ende führt die Pont du Faisan, die Fasanenbrücke, über die Ill. Ist hier gerade ein Ausflugsboot unterwegs, heißt es für die Passanten: Stehenbleiben! Dann wird die unauffällige Fußgängerbrücke zur Seite gedreht, um das Boot passieren zu lassen.

Petite France

Europäisches Parlament

11 Europäische Institutionen

Ein ganz anderes Bild bietet sich im Viertel der Europäischen Institutionen. Voll Dynamik und Energie pulsiert hier das Herz Europas in der Stadt, moderne Architektur aus Glas, Metall und Holz bestimmt hier das Stadtbild. Hier erfährt man Wissenswertes rund um die Europäischen Institutionen, ihre Rollen und Aufgaben sowie die Werte der EU: Frieden, Demokratie und Aussöhnung der Völker. Das Europäische Parlament, 1999 eröffnet, erinnert an ein Schiff und beherbergt den Plenarsaal mit 800 Sitzen, 1100 Büros und 18 Sitzungszimmer. Außerdem sind in Strasbourg der Sitz des Europarates (im Europapalast) und der Europäische Gerichtshof für Menschenrechte situiert. Wer mehr über die Geschichte Europas und die Europäischen Institutionen erfahren will, sollte der Lieu d'Europe einen Besuch abstatten. In der Villa aus dem 18. Jahrhundert kann man anhand von Ausstellungen und Animationen der europäischen Idee auf den Grund gehen.

Thomaskirche und Strasbourger Münster bei Nacht

Stadtplan
Strasbourg
0 100 m
Robertsau
Rue Schweighaeuser
Rue Wimpheling
Rue Geiler
Rue Sleidan
Dietrich
Université Populaire Européenne
Av. de la Forêt Noire
Rue Goethe
Rue St.Maurice
Bd d'Anvers
R.d.l'Argonne
Observatoire
Jardin Botanique
Rue de l'Université
Musée Zoologique
Rue de l'Observatoire
R.Schoch
Bd Leblois
Av. de la Forêt Noire
R.de la Somme
Rue de Bruxelles
Bd d'Anvers
Inspection Académique du Bas-Rhin
Rue Edel
Cité Spach
Rue de Péronne
Caserne Lecourbe
Rue du Général Conrad
R.de Louvain
Rue Vauban
Rue du Grand Pont
Pont d'Anvers
Rue de Dunkerque
R.d.Balayeurs
Rue du Général Zimmer
R.Gaspard Monge
R.Blaise Pascal
A.d.G. Rouvillois
Av. du Général de Gaulle
Université de Strasbourg
R.René Descartes
Place d'Athènes
Rue de Stockholm
Rue d'Upsal
Rue de Kehl
Rue de Londres
Rue de Leicester
Maréchal Juin
Rue de Rome
Rue Louvois
Rue de Palerme
R. de Milan
Rue de Boston
Taraide
Belges
Rue d'Istanbul
Rue du Jura
Rue de Nicosie
Winston Churchill
Rue d'Ankara
Parc de la Citadelle
Quai des Belges
Bassin Dusuzeau
Quai des Alpes
Route du Petit Rhin
Bassin Vauban
Helbling
Rhin
Bassin de la Citadelle
Rue de Liepvre
N4
E52
Route du Rhin
R. du Ballon
Rue de Metzeral
Rue de Nantes
Saint-Urbain
Rue du Landsberg
Rue du Bilstein
Ch. Fried

Essen, Trinken & Durchatmen

Ein kulinarischer Abzweig

Zwischen Rhein und Schwarzwald findet man die traditionellen Straußenwirtschaften, manches Mal auch Besenwirtschaft genannt. Sie werden in der Regel von Winzern und Weinbauern betrieben und sind nur saisonal geöffnet. Eine solche Wein- und Vesperstube ist auch **„Gerhart's Strauße"**. Im Frühjahr (von April bis Juni) öffnet sie zur Spargelzeit ihre Pforten, von Ende August bis Mitte November ist dann Grill- und Jagdsaison in der Strauße. Der Spargel, die köstlichen Weine, Liköre und Schnäpse stammen alle aus Eigenanbau. Im Hofladen kann man saisonale Landprodukte aus dem Hause Gerhart erwerben.

Gerhart's Strauße
Sponeckstraße 102
79361 Sasbach am Kaiserstuhl
Tel. +49 7662 6117
www.gerhart-strausse.de

Das **„Gasthaus Elsäßer Hof"** blickt auf eine lange Tradition zurück. Im Jahr 1872 begann alles mit einer kleinen Schankwirtschaft, um die der einstige Kolonialwaren-Laden erweitert wurde. Heute wird das Familienunternehmen in der 6. Generation geführt. Der Elsäßer Hof ist bekannt für seine gutbürgerliche Küche mit badischen Spezialitäten, die man bei schönem Wetter im herrlichen Biergarten oder in der gemütlichen Gaststube zu sich nehmen kann. Ganz nach dem Motto „Die Küche ist ein Spiegel der Region" setzt man im Gasthaus Elsäßer Hof nicht nur Speisen „aus der Heimat" auf die Karte, sondern auch auf regionale Lieferanten.

Gasthaus Elsäßer Hof
Rathausstraße 19
77966 Kappel-Grafenhausen
Tel. +49 7822 6851
www.elsaesser-hof.de

CREW

Mit Fischen und

Passerelle des deux Rives, Kehl

71 **km**

5 Schlenker & Highlights

Vögeln unterwegs

Über weite Strecken markiert der Rhein die Staatsgrenze. Auf seinem Weg von der Quelle bis zur Mündung schlägt er kulturelle Brücken zwischen den vier Ländern, die er durchquert – hier zwischen Baden-Württemberg und dem Elsass, jene zwischen Deutschland und Frankreich. Als Symbol des Zusammenwachsens Europas wurde 2004 im Rahmen der grenzüberschreitenden Gartenschau die Passerelle des deux Rives, die „Brücke der zwei Ufer", erbaut, die Kehl mit Strasbourg für Fahrradfahrer und Fußgänger verbindet und die weit mehr als die 1960 errichtete Europabrücke für die Bewohner ein Symbol der Verbundenheit wurde.

Die Brücken und Fähren, die vielerorts zwischen den Rheinufern verkehren und zwischen Deutschland und Frankreich dank eines Abkommens kostenlos genutzt werden können, sind sozusagen Voraussetzung für einen Brückenschlag und den Austausch der Länder. So meinte auch der Elsässer Grafiker, Schriftsteller und Illustrator: „Heute ist der Rhein keine Grenze mehr. Er ist die Hauptschlagader Europas, ein Träger von Reichtum und Kultur. Aber dazu braucht es Brücken und Übergänge."

Auf diesem Abschnitt begleitet der Radweg wieder über weite Strecken den Fluss und die deutsch-französische Grenze. Mehrere Staustufen ermöglichen unterwegs ein Wechseln der Rheinseite. Von der heimlichen „Brücke der Herzen", der Passerelle des deux Rives in Kehl, geht es zunächst Richtung Stadtmitte. Dann folgt man ein Stück der Kinzig entlang, wobei der Fluss auf Höhe des Hafens einmal gequert werden muss. Die Kinzig ist der größte dem Rhein zufließende Fluss aus dem Schwarzwald und mündet bei Kehl-Auenheim in den Rhein. Genau dort schließt sich der Radweg nun auch wieder dem Verlauf des Stroms an. Es geht vorbei an der Abzweigung nach

Highlight am Wegesrand 12

Die Fischtreppe

in Gambsheim

Am Rheinkilometer 309 liegt die Staustufe Gambsheim, die 1974 zur Gewinnung elektrischer Energie erbaut wurde. 2006 wurde hier auf der Grenzinsel zwischen Deutschland und Frankreich eine der größten Fischtreppen Europas in Betrieb genommen. Sie ermöglicht es den Fischen, das unüberwindbare hydraulische Bauwerk in einem künstlichen Wasserlauf zu umgehen. Viele Fische sind es gewohnt, im Laufe ihres Lebens auf große Wanderung zu gehen und zwischen Süßwasser-Läufen und dem Meer hin- und herzuziehen. Lachse, Seeforellen, Alsen, Neunaugen oder Störe wandern etwa die Flüsse aufwärts, um sich an speziellen Laichplätzen in den Nebenflüssen in den Vogesen und dem Nord-Schwarzwald zu paaren und dort zu laichen. Junge Lachse ziehen nach zwei bis drei Jahren dann wiederum ins Meer und kehren erst nach Jahren wieder zur Vermehrung in die Süßwasser-Läufe zurück. An der Fischtreppe in Gambsheim überwinden die Fische eine Höhe von 11 m, indem sie, angelockt von einer naturnahen Wasserführung, der Reihe nach von einem Becken in das andere schwimmen. Das Besucherzentrum der Fischtreppe erzählt allerhand Interessantes über den Bau der Fischtreppe, die Auswirkungen der Rheinbegradigung und

Leutesheim. Alsbald erreicht man ein Hafengebiet, das umfahren werden muss. Rund 2 km weiter versperrt das nächste Hafengelände den Weg. Auch dieses muss in einem Bogen umrundet werden, ehe der Radweg auf die Straße Richtung Freistett trifft. Nach links ab sollte man unbedingt einen Zwischenstopp im Besucherzentrum der **Fischtreppe Gambsheim** 12 einlegen, in dem man durch Fenster die Fische auf ihrer Wanderung beobachten kann.

Unweit der Staustufe von Gambsheim lohnen zwei weitere Ziele: das **Musée de la Batellerie** 13 – das Binnenschifffahrtsmuseum Offendorf, das an frühere Zeiten erinnert, als Offendorf als größtes Binnenschifffahrtsdorf im Osten Frankreichs galt, und das **Réserve naturelle nationale de la forêt d'Offendorf** 14 – der als Naturschutzgebiet ausgewiesene Auenwald von Offendorf. Beide Ziele sind in einem kurzen Schlenker auf französisches Terrain erreichbar.

Besucherzentrum Fischtreppe

die Wiedereinbürgerung der Lachse. Anhand von drei Glasscheiben kann man (mit etwas Glück) live beobachten, wie die Fische die Treppe empor wandern. Insgesamt 30 Fischarten nutzen den Fischpass auf ihrer Reise, wobei ihr Wanderverhalten sehr stark von Wasserstand, Temperatur sowie Jahres- und Tageszeit bestimmt wird. Sollten gerade keine Fische unterwegs sein, kann man im Großaquarium heimische Fische beobachten.

Weiter geht es aber wieder auf der orografisch rechten Seite des Rheins! Vorerst folgt man der Straße, ohne Radweg, nach Freistett und weiter Richtung Helmlingen, wobei das Flüsschen Rench überquert werden muss. Der Weg schwenkt nach links ab und führt westlich an Helmlingen vorbei. Dann geht es wieder auf den Damm, der Rhein wieder als treuer Begleiter auf der linken Seite. An einer markanten Kurve des Stromes, dem Rheinknie Alter Kopfgrund, wird die Rheinfähre „Drusus" von Greffern nach Drusenheim erreicht. Wenig weiter folgt (nach wie vor rechts des Rheins) das Hafengebiet des Motoryachtclubs Greffern, das umfahren werden muss. Dem Rhein auf dem Dammweg weiter folgend, nochmals mit einer kleineren Schleife, bis die Staustufe Iffezheim erreicht wird, die pro Jahr rund 45.000 Schiffe mit rund 25 Mio. Tonnen Frachtgut passieren. Das Kraftwerk erzeugt jährlich Strom für 250.000 Haushalte.

Lohnenswerte Schlenker

entlang des Weges

13 Musée de la Batellerie

In einem Lastkahn, der in Offendorf ankert, ist das Binnenschifffahrtsmuseum untergebracht, das von der Geschichte erzählt, als das Dorf einst noch größter Binnenschifffahrtsort im Osten Frankreichs war. Eine reiche Sammlung an Objekten, Dokumenten und Modellen vermittelt Einblicke in die Traditionen rund um die Kanalschifffahrt. Die Lebensweise der Binnenschiffer im Elsass und notwendige Techniken können in diesem Lastkahn besonders authentisch nachempfunden werden.

Musée de la Batellerie

14 Réserve naturelle nationale de la forêt d'Offendorf

Die Bäume strecken sich gen Himmel, zwischen den Schilf- und Riedflächen geben die Wasservögel ein Konzert. Das Naturschutzgebiet Forêt d'Offendorf soll die letzten Reste des Rheinauenwaldes bewahren, in dem sich die Natur nach ihren eigenen Gesetzen entwickeln darf. Zwar wird das Gebiet seit den 1970er-Jahren aufgrund der Rheinregulierung nicht mehr geflutet, durch den Anstieg des Grundwasserspiegels werden die Senken jedoch auch heute noch überschwemmt. Dieses Stück elsässischen Dschungels kann auf ausgewiesenen Wegen erwandert und erkundet werden. Viele Schmetterlinge flattern einem dabei über den Weg, darunter der Blauschwarze Eisvogel, der trotz seines irreführenden Namens tatsächlich kein Vogel ist… Besonders wohl fühlen sich in diesem Gebiet naturgemäß auch die Frösche wie der Springfrosch und diverse Wassermolche.

Nicht allzuweit im Südosten von Iffezheim, das für die seit 1858 ausgetragenen Pferderennen international bekannt ist, liegt die Kur- und Bäderstadt **Baden-Baden**. Bereits die Römer nutzten die heilsamen Kräfte der Thermalquellen an dieser Stelle. Heute vermarktet sich Baden-Baden als europäische Hauptstadt der Lebenskultur. Die Stadt will kein Freilichtmuseum sein, sondern ein Treffpunkt von Geschichte mit neuer Lebenskultur, oder, wie es die New York Times in einem Artikel formulierte: „The Belle Époque meets the Age of Instagram."

Lohnenswerter Schlenker 15

Residenzschloss Rastatt

Nach dem Vorbild Versailles sowie den Adelspalästen in Wien ließen Markgraf Ludwig Wilhelm und seine Frau Sibylla Augusta diese imposante Schlossanlage anstelle des bereits begonnenen Jagdschlosses als moderne barocke Residenz über der Stadt errichten. Architektur, Malerei und Stuck erinnern stark an das französische Vorbild. Das Dach bekrönt eine goldene Jupiter-Figur, die den Markgrafen selbst symbolisieren soll. Der „Türkenlouis", wie der Markgraf aufgrund seiner Erfolge im Großen Türkenkrieg auch genannt wurde, konnte sein Schloss jedoch nur kurze Zeit bewohnen. Bereits zwei Jahre nach dem Einzug, 1707, verstarb Ludwig Wilhelm. So herrschte 20 Jahre seine Ehefrau Sibylla Augusta anstelle des noch unmündigen Sohnes Ludwig Georg. Im Rahmen einer Führung können Besucher in den Staats- und Privatappartements den Spuren der Barockzeit nachfolgen. Unter dem Dach des Schlosses befinden sich außerdem das Wehrgeschichtliche Museum und die Erinnerungsstätte für die deutschen Freiheitsbewegungen. Übrigens ist auch das **Schloss Favorite Rastatt**, das sich als Porzellanschloss einen Namen gemacht hat, ein wahres Schatzkästchen.

In Iffezheim befindet man sich inmitten der Badischen Spargelstraße, die von Lichtenau (Baden) bis nach Schwetzingen reicht und weitgehend parallel zum Rhein verläuft. In der Spargelzeit, von Mitte April bis 24. Juni, werden in den Gasthäusern und Restaurants Spezialitäten mit stechfrischem Spargel serviert. Der Beschilderung nach Au folgend, geht es weiter, die Fahrt steuert auf die Rheinbrücke von Wintersdorf zu. Die ehemalige Eisenbahnbrücke ist heute für den Straßenverkehr freigegeben. Von hier ist über Ottersdorf die Barockstadt Rastatt mit dem **Residenzschloss Rastatt** 15 nur mehr einen Steinwurf entfernt.

Deckengemälde der Schlosskirche, Residenzschloss Rastatt

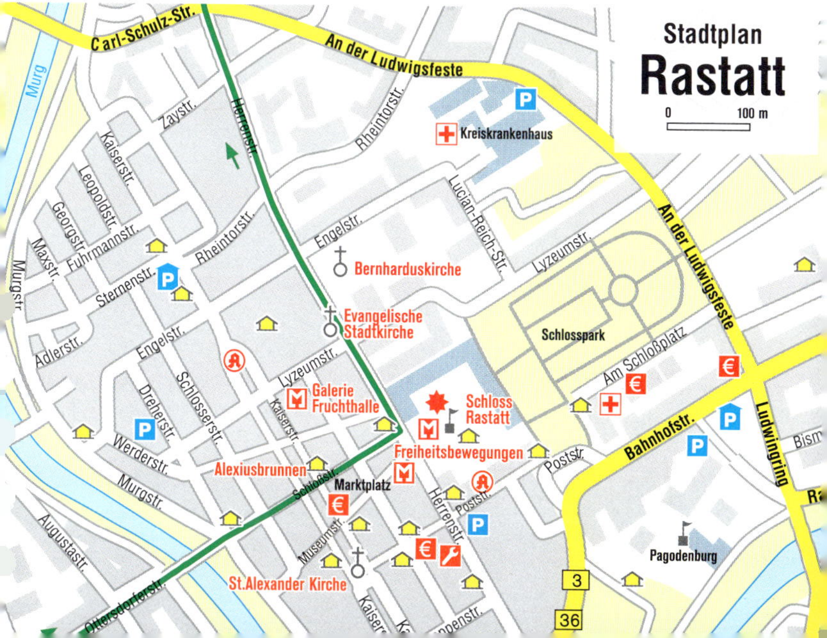

Beutelmeise im Vogelnest

Nach Unterquerung der Brücke ist die nächste Ortschaft Plittersdorf schon im Visier. Hier besteht die Möglichkeit, mit der Seilfähre „Saletio“ von Plittersdorf ans französische Ufer nach Seltz zu gelangen. Interessant ist, dass das Fährschiff an einem 20 m hohen, zwischen den beiden Ufern gespannten Seil befestigt ist, wodurch das Fährschiff den Rhein allein durch die Triebkraft der Strömung überqueren kann. Auf der französischen Seite ist das Naturschutzgebiet **Delta de la Sauer** 16 ein klei-

Lohnenswerter Schlenker 16

Delta de la Sauer

Als vielfältiges Mosaik aus Auenwäldern, Feuchtwiesen und Röhricht, eingerahmt von Sauer und Rhein, präsentiert sich das Réserve naturelle du Delta de la Sauer. Die Sauer, die ursprünglich als Saarbach in der Südpfalz entspringt, mündet hier nach Seltz zunächst in eine abgetrennte Rheinschlinge, ehe sie schließlich bei Munchhausen in den Rhein fließt. In diesem Mündungsgebiet, das unter Naturschutz steht, kann sich der Rhein bei Hochwasser noch nach Lust und Laune ausbreiten. Der landschaftliche Flickenteppich bietet ein breites Spektrum an Lebensräumen. Flora und Fauna sind hier besonders artenreich vertreten. In den dschungelähnlichen Waldgebieten leben 183 Vogelarten. So flattern Blaukehlchen, Beutelmeise und Drosselrohrsänger durch das Geäst. So wie viele andere Vogelarten auch, nistet hier der Schwarzmilan.

nes Eldorado für Hobbyornithologen und Naturfreunde.

Plittersdorf wird in einem Bogen umrundet, bei Steinmauern dann über die Murgbrücke weiter. Die Murg gibt kurz die Richtung vor, dann geht es wieder rechts ab, bis bald Elchesheim-Illingen erreicht ist. Auf der Höhe von Au am Rhein verabschiedet sich die französische Grenze nun endgültig. Bis Lauterbourg versteht sich der Rhein als natürliche Grenze zwischen Deutschland und Frankreich. Damit ist nun aber Schluss.

Bald schon taucht **Neuburgweier** auf, ein Stadtteil von Rheinstetten, direkt vor den Toren der Fächerstadt Karlsruhe.

Fächerstadt Karlsruhe

Essen, Trinken & Durchatmen

Ein kulinarischer Abzweig

Das **„Schnitzel Bräu Rastatt“** ging aus dem alten Braustüb'l hervor, das in Rastatt bereits über 150 Jahre die Bierkultur pflegte. Nach aufwändiger Renovierung erstrahlt das Schnitzel Bräu in neuem Glanz. Das alte Flair und die Geschichte wirken aber bis heute nach. Zum erfrischenden Bier werden herzhafte Köstlichkeiten serviert – typisch badische Spezialitäten, ebenso wie internationale und saisonale Köstlichkeiten. Im Freien sitzt man gemütlich in der Fußgängerzone wenige Schritte vom Residenzschloss Rastatt entfernt. Badische Gastfreundschaft gehört hier zum guten Ton.

Schnitzel Bräu Rastatt
Poststraße 12
76437 Rastatt
Tel. +49 7222 1661994
www.schnitzelbraeu-rastatt.de

Direkt am Anlieger der Rheinfähre „Baden–Pfalz“ befindet sich das Restaurant **„Zollhaus“**. Früher lagen hier Zollboote vor Anker, mit dem Jahr 1996 wurde jedoch das Zollamt geschlossen. Mittlerweile als Restaurant geführt, lädt die Speisekarte zu einer kulinarischen Reise durch die deutsche Küche ein, auf der traditionelle ebenso wie moderne Gerichte Platz finden – frische Nordseee-Matjesfilets, Badischer Wurstsalat oder Zollhausteller... Der Biergarten direkt am Rhein ist der ideale Ort, um einen Zwischenstopp einzulegen und sich auf der Radreise entlang des Rheins zu stärken.

Zollhaus
Am Altrheinhafen 1,
76474 Au am Rhein
Tel. +49 7242 939960
www.restaurant-zollhaus.de

Leikeim

Handelsstrom und

Schloss Karlsruhe

63 **km**

5 Schlenker & Highlights

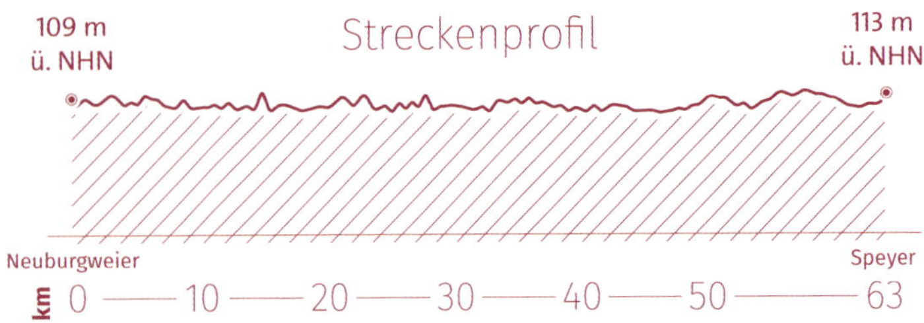

Kulturachse

Ade Neuburgweier! Und auf in die Barockstadt Karlsruhe! Der Dammweg gibt die Richtung vor. Es geht los, die Kreuzung nach Forchheim wird ignoriert. Die ersten Kaminschlote des Karlsruher Hafens spitzeln in nicht allzu großer Ferne bereits empor.

Es geht über einen Altrheinarm, dann biegt der Weg rechts ab Richtung Karlsruhe und Hafensperrtor. Die Besichtigung der Barockstadt **Karlsruhe** mit ihrem einzigartigen fächerförmigen Grundriss gehört quasi zum Pflichtprogramm. Wer abermals rechts abzweigt, gelangt über Daxlanden schließlich in das Stadtzentrum. Es locken unter anderem das **Karlsruher Schloss** 17 und das **Zentrum für Kunst und Medien** 18.

Wer Karlsruhe überspringt, kommt am Rheinstrandbad Rappenwört vorbei, kurz nochmal in einen Wald und steht dann unmittelbar vor einem Dampfkraftwerk. Dieses gilt es, rechts zu umfahren, bis der Weg nach links abknickt und direkt durch das Industriegelände führt. Über das Hochwassersperrtor, das den Karlsruher Rheinhafen vor Überflutungen schützen und damit nicht nur materielle Einbußen bei einer Überflutung der Mineralöl- und Flüssiggasvorratslager, sondern auch etwaige Gefährdungen für die Umwelt verhindern soll, kann der Rheinhafenzufluss zu Fuß, das Rad schiebend, überquert werden.

Der Karlsruher Rheinhafen, der sich nun rechter Hand ausbreitet, zählt zu den zehn größten Binnenhäfen Deutschlands. Der Hafen besteht aus sechs Hafenbecken. Mit einem Gesamtumschlag von rund 7 Mio. Tonnen zählen die Rheinhäfen Karlsruhe, zu denen neben dem Karlsruher Rheinhafen auch der Ölhafen, der Pionierhafen und der Hafen Maxau zählen, auch auf europäischer Ebene zu den bedeuten-

Zentrum für Kunst und Medien

Highlights

in Karlsruhe

17 Karlsruher Schloss

Es steht im absoluten Mittelpunkt der Fächerstadt Karlsruhe: das Karlsruher Schloss mit seinem Schlossgarten. Ab 1715 wurde die Stadt auf dem Reißbrett geplant und vom Schloss ausgehend in 32 Achsen angelegt. Das Schloss diente den Markgrafen rund 200 Jahre als Wohn- und Regierungssitz, später den Kurfürsten und Großherzogen von Baden, zuletzt Großherzog Friedrich II., der 1918 vor den revolutionären badischen Truppen fliehen musste. In den Gemäuern des Karlsruher Schlosses präsentiert das Badische Landesmuseum Kunst und historische Lebenswelten von der Ur- und Frühgeschichte bis heute.

18 Zentrum für Kunst und Medien

Das ZKM, das laut ArtsFect-Ranking zu den Top 10 Weltmuseen zählt, gibt in einzigartiger Weise allen Medien und Gattungen Raum und vereinigt raumbasierte Künste wie Malerei und Fotografie sowie zeitbasierte Künste wie Film, Musik, Tanz, Theater und Performance.

Stadtplan
Karlsruhe
0 100 m
Willy-Andreas-Allee
Knielinger Allee
Engländerplatz
Hochschule Karlsruhe
Willy-Brandt-Allee
Moltke-str.
Hans-Thoma-Str.
Schlossgarten
Schloss
Jahnstr.
Fichtestr.
Seminar-str.
Wörth-str.
Bismarck-str.
Botanischer Garten
Staatliche Kunsthalle
Engesserstr.
Schlossbezirk
Rechenzentrum
Schlossplatz
Museum für Literatur
Prinz-Max Palais
Passagehof
Waldstr.
Stephanien-str.
Akademie-str.
Karl Friedrich Denkmal
Badische Landesm
Kaiser-Wilhelm Denkmal
Europaplatz
Zirkel
Museum beim Markt
Kaiserstr.
Kronen-str.
Amalienstr.
Douglas-str.
Ludwigsplatz
Erbprinzen-str.
Herren-str.
Herrenhof
Bankhof
Zähringer-str.
Marktplatz
Adler-str.
Stephanplatz
St.Stephan
Rathaus
Evang. Stadtkirche
Kronenplatz
Hebelstr.
Badische Landesbibliothek
Staatliches Museum für Naturkunde
Modern Art Gallery
Kreuz-str.
Lidellplatz
Sophien-str.
Hirsch-str.
Karl-str.
Rechtshistorisches Museum
Lammstr.
Rondellplatz
Markgrafen-str.
Stein-str.
Leopold-str.
Ritter-str.
Bundesgerichtshof
Nymphengarten
Kristall Gallery
Kriegsstr.
Ettinger-Tor-Platz
Theater Die Insel
Badisches Staatstheater
Gartenstr.
Archivplatz
Friedenstr.
Redtenbacherstr.
H.Billing-Str.
Baumeisterstr.
Jollystr.
Mathystr.
A.Dürr-str.
Renckstr.
Schauburg Filmtheater
Meidingerstr.
Karlstr.
Sonntagplatz
Festplatz
Ettlingerstr.
Roonstr.
Augustastr.
Karlsruher Messe- und Kongresszentrum
Schwarzwald-halle
Schützen-str.
Verkehrs-museum
Beiertheimer Allee
Werderstr.
Werderplatz
Wilhelm-str.
Klauprechtstr.
Luisen-str.
Bahnhofstr.
Stadtgartensee
Stadtgarten
Marien-str.
Vorholz-str.
St.Vincentius Kliniken
Zoologischer Garten
Augarten-str.
Südend-str.
Winter-str.
Tiergartensee
Graf-Rhena-Str.
Kolpingplatz
Nebeniusstr.
Albtalstr.
Schwarzwaldstr.
Klosestr.
Schwanensee
Salierstr.
Welfen-str.

Wissenswertes im Gepäck

Handelsstrom

Bereits zur Römerzeit diente der Rhein als Wasser- und Handelsstraße. Heute gilt er als wichtigste Schifffahrtsstraße Europas (80 % der auf Wasserwegen beförderten Güter werden auf dem Rhein transportiert) und gehört auch international zu den bedeutendsten Wasserstraßen. Pro Jahr werden über 300 Mio. Tonnen an Gütern über den Fluss befördert. Und das aus gutem Grund. Denn für Massengüter und Containertransport ist er der preiswerteste Transportweg und obendrein vergleichsweise umweltfreundlich. Von Rheinfelden/Basel bis zur Mündung in die Nordsee bei Rotterdam ist der Rhein für die Großschifffahrt ausgebaut. Auf einer Länge von rund 800 km verbindet er die großen Ballungs- und Industriezentren am Rhein. Der Ausbau für die Schifffahrt und die Wasserkraftnutzung hatte jedoch auch erhebliche negative Effekte auf den ökologischen Zustand des Rheins, von denen an späterer Stelle zu lesen sein wird (Stichwort: Rheinbegradigung). Der bei Weitem größte Binnenhafen Deutschlands und auch Europas ist Duisburg. Weiters bedeutend sind Köln, Mannheim, Ludwigshafen, Neuss und Karlsruhe.

den logistischen Drehkreuzen. Der Rheinhafen Karlsruhe ist Umschlagplatz für Container, Kohle, Mineralöl, Baustoffe, Getreide und vieles mehr. Angesichts des regen Treibens auf dem Areal kann man die Bedeutung des Rheins als **Handelsstrom** erahnen.

Nach all der geballten Information heißt es nun – endlich – die Rheinbrücke bei Maximiliansau zu

Container im Hafen von Mannheim

überqueren. Es geht nach mittlerweile einigen Kilometern nun erstmals linksrheinisch weiter, denn von Karlsruhe bis Rheinhausen ist der Rheinradweg bislang nur auf der orografisch linken Uferseite ausgebaut.

Nach einem kurzen Steilstück bergab wartet Wörth am Rhein. Das Mercedes-Benz-Werk, das größte Lkw-Montagewerk weltweit, machte das einstige Fischerdorf zu einem innovativen Standort und ist gleichzeitig ein wichtiger Arbeitgeber im Bundesland Rheinland-Pfalz. Bis zu 470 Lkw verlassen hier pro Tag das Werk. Nun verlässt auch der Radfahrer Wörth am Rhein, und zwar in Richtung Leimersheim, wobei zunächst eine schöne Passage dem Altrhein entlang führt, an dem malerische Fischerhütten mit ins Wasser ragenden Anglerstegen die Szenerie prägen. Man trifft wieder auf den Damm und durch Wald und Wiesen in das einstige Fischer- und Schifferdorf Leimersheim, das pfälzisch „Lämersche" genannt wird und in dem noch einige regional typische Fachwerkhäuser aus dem 18. Jahrhundert stehen. Der Rheinradweg führt nun über das idyllische Dorf Kuhardt, einst ein Tabak- und Zieglerdorf, und das Klosterdorf Hördt. Rund 20 km westlich von hier läge die Stadt Landau in der Pfalz, in der sich urbanes und ländliches Flair vereinen und die dank über 1800 Sonnenstunden pro Jahr eine besonders lange Vegetationsperiode aufweist. Hier blüht es bereits, wenn andernorts noch die Knospen nach Sonne und Wärme haschen. Die Mandelblüten läuten bereits im März den Frühling ein und färben die Landschaft rund um Landau und an der Südlichen Weinstraße mit ihren rosaroten Blütenwolken.

Am Rheinradweg folgt nun der nächste Altrheinarm, der überquert werden muss. Dann geht es auch schon wieder auf dem Rheindamm zum Rheinufer. Die zwei Schornsteine der ehemaligen **Ziegelei Sondernheim** 19 ragen hier in die Höhe. Das heute darin untergebrachte Museum entführt auf eine Zeitreise in die Industriegeschichte der Zie-

Ziegeleimuseum

Eine besondere Stimmung herrscht an diesem Ort, an dem 1834 die Ziegelei Stubenrauch gegründet wurde. Sie produzierte vor allem für den Festungsbau in Germersheim. 1976 wurde der Betrieb eingestellt und die alte Industrieanlage 1984 als Baudenkmal unter Schutz gestellt. Doch erst als die Ziegelei 2000 in Privatbesitz übernommen wurde, wurde ihr auch wieder Stück für Stück Leben eingehaucht. Und das teils so authentisch, dass man meinen möchte, so manches Gerät wurde eben erst benutzt. Mittlerweile dient das Industriedenkmal als Museum. Hier werden Produktionsabläufe möglichst realitätsnah dargestellt. Dazu sind viele alte Maschinen und Gerätschaften zur Ziegelherstellung aus den letzten 100 Jahren ausgestellt, die die Geschichte der Ziegelei dokumentieren. Auch die zu Transportzwecken genutzte Feldbahn wurde instandgesetzt und fährt heute wieder.

Feldbahn im Ziegeleimuseum Sondernheim

Highlight am Wegesrand 20

Festung Germersheim

Das „Bollwerk gegen Frankreich“

Eine starke Festung sollte es werden, die, gemeinsam mit Landau, das linke Rheinufer vor den Franzosen schützen sollte. Auf Auftrag des bayerischen Königs Ludwig I. wurde von 1834 bis 1861 an dieser imposanten Festung gearbeitet. Entsprechend dem Versailler Vertrag musste ein Teil der Festung nach dem Ersten Weltkrieg geschleift werden. Dennoch sind zahlreiche bedeutende Gebäude erhalten: Das Weißenburger Tor ist heute das Wahrzeichen der Stadt. Im hier untergebrachten Stadt- und Festungsmuseum kann man sich in einer Ausstellung über die Festungsgeschichte informieren. Die Festungsanlage Fronte Beckers veranschaulicht das historische Befestigungssystem. Der weitläufige Stadtpark Fronte Lamotte mit Grabenwehr, Reduits und den Resten der Umwallung dient heute als Erholungsraum. Ein besonderes Erlebnis ist ein Stadtspaziergang in Begleitung von historischen Bauersfrauen, dem einfachen Steuerbeamten oder der Hebamme, die auch von interessanten Geschichten hinter der Geschichte zu erzählen wissen. Mitten in die Natur entführen dagegen die Nachenfahrten, die Bootsfahrten durch die Rheinauen

gelherstellung und ist eine echte Rarität. Dem schönen Flussufer folgend geht es, unter einer Eisenbahnbrücke hindurch, geradewegs nach **Germersheim**, dessen Stadtzentrum rasch erreicht wird. Die **Festung Germersheim** 20 ließ König Ludwig I. im 19. Jahrhundert als „Bollwerk gegen die Franzosen“ erbauen. Viele Gebäude sind gut erhalten und können besichtigt werden.

Nach diesem Ausflug in die Vergangenheit zieht es den Radfahrer wieder weiter. Ein kurzes Stück verläuft unterhalb des Rheindeiches, mehrfach die Bahngleise kreuzend, am Ortsrand von Lingenfeld entlang. Mehrere geschwungene Bögen werden in weiterer Folge durch die Altrheinarme vorgegeben. Mechtersheim zieht ebenso wie Römerberg vorüber. Hat man die Abzweigung Berghausen passiert, grüßt in der Ferne bereits der berühmte Speyrer Dom. Mit einem scharfen Linksknick geht es dann direkt auf eine der ältesten Städte Deutschlands zu, die im Mittel-

Bauersfrauen führen durch Germersheim

alter eine der bedeutendsten Städte des Heiligen Römischen Reiches Deutscher Nation war: **Speyer**. Das Highlight der Stadt ist der **Dom zu Speyer** 21, der 1981 in die UNESCO-Weltkulturerbeliste aufgenommen wurde. Das **Technik Museum Speyer** 22 mit technischen Meisterleistungen, allen voran aus dem Fahrzeug- und Flugbau, bietet sich als Kontrastprogramm an. Auch sonst hat Speyer ein buntes Programm parat, vom Sea Life Speyer über den Judenhof bis hin zur Flaniermeile in der Maximilianstraße.

Highlights

in Speyer

21 Speyrer Dom

In den 1020er-Jahren wurde auf das Geheiß von Kaiser Konrad II. mit dem Bau der damals größten Kirche der Welt begonnen. Heute gilt sie als größte noch erhaltene romanische Kirche weltweit und steht seit 1981 auf der UNESCO-Weltkulturerbeliste. Die Krypta ist die letzte Ruhestätte mehrerer deutscher Kaiser, Kaiserinnen und Könige. Vom Südwestturm des Kaiserdoms genießt man eine herrliche Aussicht über Speyer und die Rheinebene.

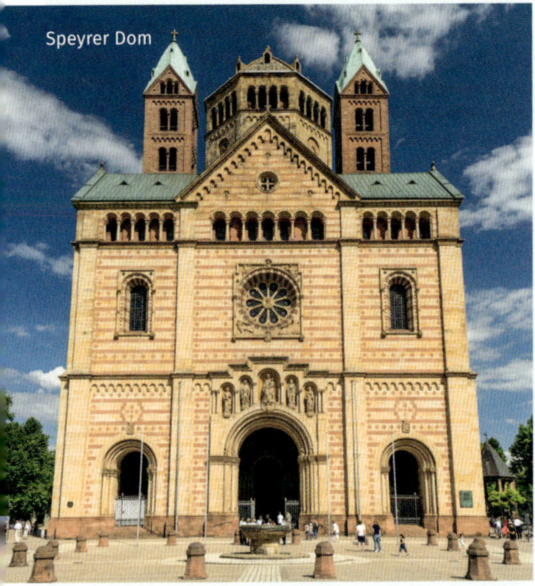

Speyrer Dom

22 Technik Museum Speyer

Technische Sensationen von unter dem Meeresspiegel bis ins Weltall lassen sich im Technik Museum Speyer bestaunen. Von U-Booten über Oldtimer, Lokomotiven, Nutzfahrzeuge, Feuerwehrfahrzeuge bis hin zur Raumfahrt. Zu den Highlights zählen das Space Shuttle Buran, die komplett begehbare Boeing 747, das U-Boot U9 und der Seenotkreuzer John T. Essberger. Ein besonderer Platz ist außerdem den mechanischen Musikinstrumenten gewidmet. Mehr für Musikfans gibt es im Museum Wilhelmsbau.

Sojuskapsel, Spaceshuttle Buran

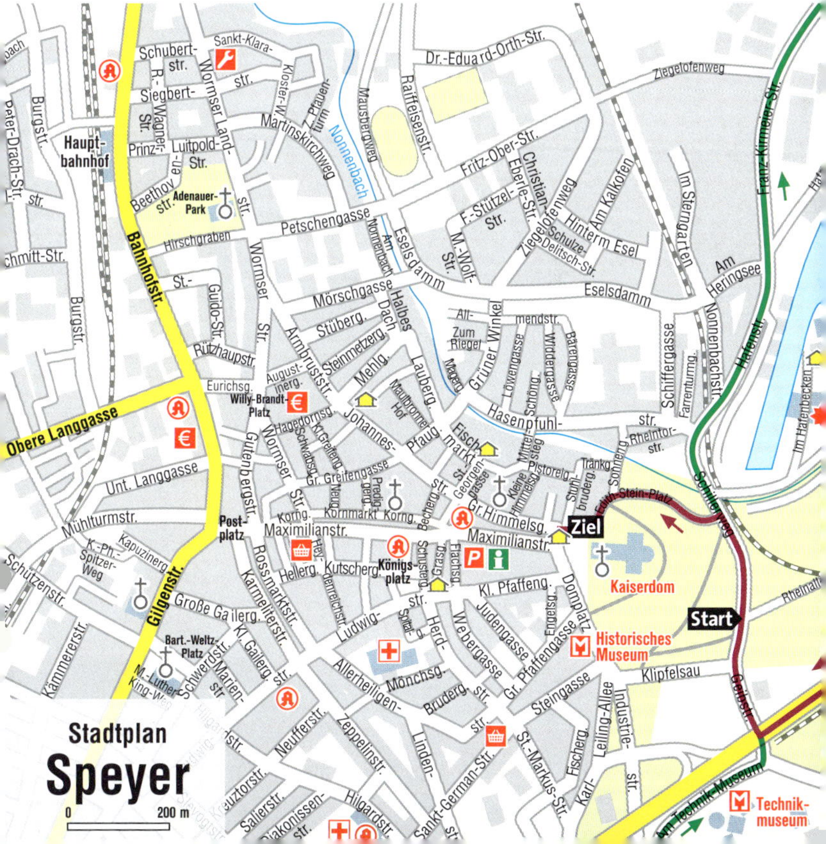

Schlenkerla
Aecht
Schlenkerla
Rauchbier
(ges. gesch.)
Aecht
Schlenker
Rauchbie
(ges. gesch.)

Essen, Trinken & Durchatmen

Ein kulinarischer Abzweig

Zu einem kulinarischen Ausflug nach Italien lädt das Ristorante **„Dal Pozzo di Michele“**. Im „Biergarten“ gedeihen Weinreben rund um einen Brunnen, in der Küche bereitet der Chefkoch italienische und insbesondere sardische Speisen zu. Gnocchetti Sardi al Pecorino, dazu Insalata Mista oder alternativ eine Pizza Trapanese und ein Glas Chianti und schon fühlt man sich ein wenig wie in Bella Italia. Danach bestellt man noch den obligatorischen Espresso, der rasch zubereitet und – im italienischen Stil – mindestens genauso rasch getrunken wird. Buon Appetito!

Dal Pozzo di Michele
Jakobstraße 14
76726 Germersheim
Tel. +49 7274 777703
www.dal-pozzo-di-michele.de

Eine große, 70 Jahre alte Wasserlinde spendet Schatten im Biergarten des Restaurants **„Alter Hammer“**, der direkten Blick auf den Rhein gewährt. Das Gasthaus zählt zu den ältesten Speyers, bereits seit dem Jahr 1919 werden hier kühle Bierspezialitäten und Pfälzer Gerichte serviert. Das Gebäude selbst stammt aus dem Jahr 1902 und wurde damals als „falsches Fachwerk“ erbaut. Die Speisekarte vereint für allerlei Geschmäcker sowohl traditionelle Gerichte wie deftige Pfälzer Spezialitäten wie moderne Speisen, darunter leichte, vegetarische Gerichte.

Alter Hammer
Leinpfad 1c
67346 Speyer
Tel. +49 6232 75539
www.alter-hammer.de

Vom Speedrennen

Luftbild Hockenheim-Ring

35 **km**

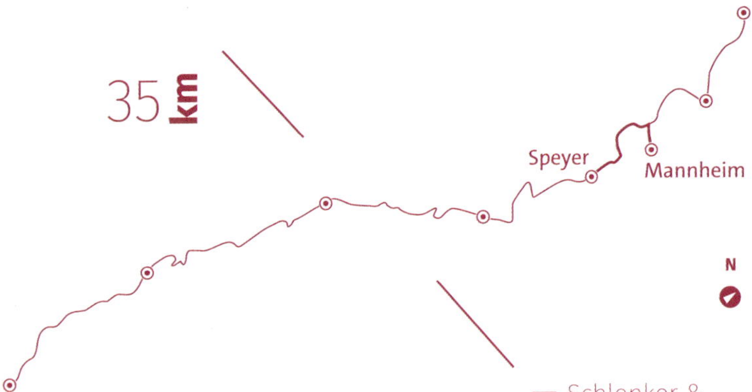

5 Schlenker & Highlights

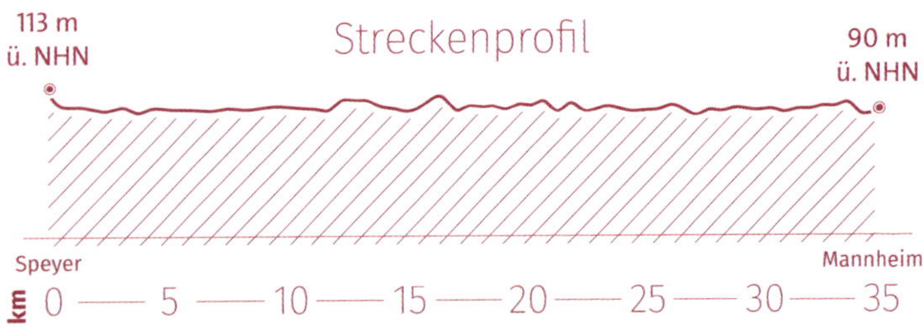

zur Schlössertour

Von Speyer bis Mannheim wird der Rheinradweg wieder beiderseits des Flusses geführt. Näher an den Highlights ist die Variante rechts des Rheins. Deshalb also auf dem straßenbegleitenden Radweg zunächst über die Rheinbrücke auf die andere Uferseite. Damit wird zumindest auch wieder eine Bundeslandgrenze überschritten, und zwar von Rheinland-Pfalz nach Baden-Württemberg.

Wem nach etwas mehr Action ist, der kann von hier einen Abstecher nach Hockenheim unternehmen. Im Jahr 1932 wurde erstmals am **Hockenheimring** ein Motorradrennen ausgetragen. Mehrfach umgebaut gastierte erstmals 1970 auch die Formel 1 in Hockenheim. Die Kleinstadt genießt mittlerweile internationale Bekanntheit. Dabei dient das legendäre Motodrom nicht nur für die Austragung von Rennen, es hat sich auch als Eventlocation u. a. für Konzerte vor großem Publikum etabliert. Es gibt mehrere Möglichkeiten, den Hockenheimring zu erkunden: Im Motor-Sport-Museum kann man historische Rennwagen, Motorräder und Formelfahrzeuge aus verschiedenen Epochen des Motorsports besichtigen. Wer selbst Rennluft schnuppern möchte, kann dies im Rahmen verschiedener Fahrerlebnisse, selbst am Steuer oder als Beifahrer im Renntaxi tun. Unter dem Motto „Fit on Track“ wird der Hockenheimring außerdem zu bestimmten Terminen für Freizeitsportler freigegeben, sodass man auch mit dem Fahrrad auf dem Rennasphalt seine Runden drehen kann.

Der Rheinradweg zweigt jedoch vor Hockenheim nach links in Richtung Ketsch ab. Die markante Autobahnbrücke von Speyer rückt ins Blickfeld. Unter der Autobahn hindurch kommt Ketsch immer näher. Davor jedoch knickt der Weg nach links ab und steuert auf die Ketscher Rheininsel zu, die unter Naturschutz steht.

Das große Parterre des Schlossgartens von Schloss Schwetzingen

Lohnenswerter Schlenker **23**

Schloss und Schlossgarten Schwetzingen

Im 17. und 18. Jahrhundert ließen die Kurfürsten aus der Pfalz (Johann Wilhelm und Carl Theodor) die ursprünglich mittelalterliche Wasserburg, die später als Jagdschloss hergerichtet wurde, zu einer repräsentativen Sommerresidenz ausbauen. Rundherum wurde ein Garten angelegt, in dem geometrische Elemente nach französischem Stil und Merkmale der englischen Landschaftsgestaltung eine Symbiose eingehen – ein Meisterwerk der Gartenkunst. Auch Elemente aus fernen Ländern, wie der Apollotempel oder die Gartenmoschee im Türkischen Garten, wurden im Schlossgarten integriert. An diesem malerischen

Ort trafen illustre Gäste aufeinander: Berühmtheiten, Künstler und Musiker wie Wolfgang Amadeus Mozart. Heute noch spürt man einen Hauch längst vergangener Tage beim Flanieren durch den kunstvollen Schlossgarten und die reich ausgestatteten Räumlichkeiten der einstigen Sommerresidenz. Kurios: Die Uhren am Schloss ticken anders. Großer und kleiner Zeiger sind vertauscht – vermutlich ein Scherz des Kurfürsten Carl Ludwig.

Kurioserweise bildete sich diese Insel aufgrund der Rheinbegradigung. Hier findet man den größten Bestand des Echten Wilden Weins in ganz Deutschland.

Nahe dem Rheinradweg liegt die Stadt Schwetzingen, die einst den Kurfürsten von der Pfalz als Sommerresidenz diente. **Schloss und Schlossgarten Schwetzingen** 23 sind das Herzstück des bezaubernden barocken Ensembles, das nur einen kurzen Abstecher von der Route entfernt liegt.

Wer schon mal in Schwetzingen ist, könnte gleich noch einen zweiten Schlenker anhängen, der sich für eine

Lohnenswerter Schlenker **24**

Heidelberger Schloss

Romantik pur

Im Antlitz der Sonne strahlt die Schlossruine aus rotem Neckarsteiner Sandstein über den Dächern der Stadt. Im 13. Jahrhundert wurde hier die erste Heidelberger Residenz errichtet, die über die Jahrhunderte zu einem repräsentativen Schloss umgestaltet wurde. Im Dreißigjährigen Krieg sowie im Pfälzischen Erbfolgekrieg wurden die Schlossgebäude zerstört. 1764 brannte des Ensemble nach zwei Blitzeinschlägen schließlich komplett aus. Die Ruine entwickelte sich jedoch alsbald zu einem Inbegriff deutscher Romantik, wurde in Gedichten und Liedern besungen und in Kunstwerken festgehalten. Wiederaufbaubestrebungen um 1900 wurden zugunsten der Denkmalpflege jedoch nicht umgesetzt. Das Schloss scheint in einen Dornröschenschlaf gefallen.

Ganztagesstippvisite anbietet: Rund 10 km westlich von Schwetzingen liegt **Heidelberg**, mit der wohl berühmtesten Ruine der Welt: dem **Heidelberger Schloss** **24**. Romantisch ist auch der Anblick der Alten Brücke, ein Paradebeispiel für klassische Brückenbaukunst aus Stein aus dem 18. Jahrhundert, wie es heute nur noch selten zu finden ist. Einmalige Ansichten und so manche Einsicht verspricht der Philosophenweg, dessen klimatisches und florales Ambiente an die Toskana erinnert.

Nun aber wieder zurück nach Ketsch und zum Rheinradweg! An Brühl fährt man vorüber und gelangt nach Umrundung der Ketscher Rheininsel wieder zum Rhein, wo sich die Anlegestelle der Kollerfähre befindet. Der Weg schwingt nach rechts ab, zwischen zwei Baggerseen hindurch, Richtung

Heidelberger Schloss

Rohrhof. Mehrfach links haltend, stößt man schließlich auf die Eisenbahngleise, die in den Rheinauhafen, eines der vier Hafengebiete des Hafens Mannheim, führen. Er gehört zu den größten und bedeutendsten Binnenhäfen Europas. Den Gleisen parallel folgend, geht es durch den Mannheimer Stadtteil Rheinau, später links der Beschilderung Richtung Mannheimer Zentrum nach. Es geht wieder auf das Wasser zu. Gleich darauf türmen sich vor einem die Schlote des Großkraftwerks Mannheim auf. Das Steinkohlekraftwerk wurde 1921 gegründet und produziert heute Strom für 2,5 Mio. Menschen, Gewerbe, Industrie sowie Fernwärme für rund 120.000 Haushalte. Aufgrund des Ausstiegs Deutschlands aus der Kohleverstromung bis 2038 arbeitet das GKM aktuell an neuen Modellen zur Stromerzeugung.

Wissenswertes im Gepäck

Flora und Fauna

entlang des Rheins

„Man kann nicht zweimal in denselben Fluss steigen“, sagte der griechische Philosoph Heraklit. So verhält es sich auch mit dem Rhein, der an keiner Stelle des Flusses gleich ist und sich durch das Fließen des Wassers gleichzeitig permanent wandelt. In diesem Ökosystem, das einem Mosaik gleicht, sind hunderte Pflanzen- und Tierarten zuhause. Während der ökologische Zustand des Flusses in den 1960er- und 70er-Jahren äußerst bedenklich war, konnte die Wasserqualität, dank des Engagements der Internationalen Kommission zum Schutz des Rheins (IKRS), deutlich verbessert werden. Rheinauen werden wieder überschwemmt, Altarme sind wieder an den Fluss angebunden. Unzählige Hindernisse wurden für (Wander-) Fische beseitigt. So stieg auch die Zahl der Pflanzen- und Tierarten wieder. Im Zuge der letzten Bestandsaufnahme wurden 67 Fischarten im Rhein gezählt, viele Fische wie Lachs, Meerforellen, Meer- und Flussneunauge kamen wieder. Den Wasservögeln dient der Rhein ganzjährig als Lebensraum, aber auch als Rast- und Überwinterungsgebiet. Blässgans, Stockente, Reiherente und Blässhuhn sind am häufigsten vertreten. Interessant ist auch, dass Zugvögel wie die Kraniche den Rhein als Leitlinie nutzen. Die artenreichsten Lebensräume bieten die Auenwälder, die im Rahmen der europäischen Fauna-Flora-Habitat-Richtlinie streng geschützt sind. Sie filtern und reinigen Wasser, schützen vor Wellenschlag, saugen sich wie Schwämme voll und können Hochwasser überdauern und haben daher eine entscheidende Bedeutung für das Rheinökosystem.

Reiherenten trifft man am Rhein immer wieder an

Hier setzt auch die Fähre nach Altrip über. Anstatt der Fahrt mit der Rheinfähre geht es nun aber rechts weiter, bis hinein in den Waldpark mit seinem naturbelassenen Auenwald. Westlich ist die Reißinsel vorgelagert, die aber eigentlich gar keine Insel ist. Das Naturschutzgebiet zählt zu den wichtigsten Vogelbrutgebieten des Rheingrabens und ist beispielgebend für die vielfältige **Flora und Fauna** entlang des Rheins. Zum Schutz der Aufzucht ist die Reißinsel von März bis einschließlich Juni gesperrt.

An der Uferpromenade entlang zeigt sich die Konrad-Adenauer-Brücke, die Mannheim mit Ludwigshafen verbindet. Unter den Brückenzufahrten hindurch, erreicht man nach rechts das Zentrum von **Mannheim**. Im Mittelpunkt steht hier das **Barockschloss Mannheim** 25. Das Wahrzeichen der Stadt ist der **Wasserturm** 26, der in die größte zusammenhängende Jugendstilanlage Deutschlands eingebettet ist. Die **Reiss-Engelhorn-Museen** 27 zählen zu den renommiertesten Ausstellungshäusern Europas.

Highlights
in Mannheim

25 Barockschloss Mannheim

440 m lang ist die Schaufassade des Barockschlosses Mannheim. Damit zählt es zu den größten Schlössern Europas. Die ursprüngliche Festung Friedrichsburg war im Pfälzischen Erbfolgekrieg zerstört worden. 1720 beauftragte Kurfürst Carl Philipp französische Architekten mit den Planungen eines repräsentativen und imposanten Schlosses. Sein Nachfolger, Kurfürst Carl Theodor, ließ dieses erweitern. Während von außen der Barockstil erhalten wurde, werden die Räumlichkeiten von Rokoko und Klassizismus gekennzeichnet. Unter dem kunstsinnigen Karl Theodor entwickelte sich das Barockschloss Mannheim zu einem „Musenhof". Jahrzehnte später wurde das ehemals kurfürstliche Appartement auf Geheiß der Großherzogin Stéphanie von Baden in kaiserlichem Wohnstil aus Paris eingerichtet. Im Zweiten Weltkrieg wurde das Schloss zerstört, danach wieder aufgebaut und einige beeindruckende Räume rekonstruiert.

Wasserturm in Mannheim

Reiss-Engelhorn-Museen, Museum Zeughaus Mannheim

26 Wasserturm

Der Wasserturm wird umgeben von einer weitläufigen Parkanlage – die größte zusammenhängende Jugenstilanlage Deutschlands, die auf die Jahre 1886 bis 1889 zurückgeht. Der Park lädt zum Flanieren ein, Wasserfontänen, die im Sommer abends bunt beleuchtet werden, und Sandsteinfiguren säumen die Wege. Das Wahrzeichen der Stadt ist ein beliebter Treffpunkt für Einheimische wie auch Besucher, die in der Parkanlage die Seele baumeln lassen.

27 Reiss-Engelhorn-Museen

Vier Ausstellungsorte und über 1,2 Mio. Objekte umfassen die Reiss-Engelhorn-Museen (rem) Mannheim. Im Museumsviertel rund um den Toulonplatz ordnen sich das Museum Zeughaus, das mit seinen kunst- und kulturgeschichtlichen Sammlungen zu den renommiertesten Ausstellungshäusern Europas zählt, mit dem Forum Internationale Photographie, das Museum Weltkulturen mit den Schätzen des Alten Ägyptens und der Ausstellung „Versunkene Geschichte. Archäologie an Rhein und Neckar“, das Museum Bassermannhaus für Musik und Kunst mit der Fotogalerie ZEPHYR und das Museum Peter und Traudl Engelhornhaus u. a. mit deren Glasskulpturen an. Kurfürst Carl Theodor, der leidenschaftlich Kunstwerke und Literatur sammelte und ein Naturalienkabinett besaß, legte im 18. Jahrhundert den Grundstein für die umfangreiche Sammlung der Museen.

Angesichts des Mannheimer Stadtplans mag man sich vielleicht an Manhattan erinnert fühlen. Denn eine derartige, in Häuserblocks angelegte Planstadt, in denen man anstatt eines Straßennamens eine Buchstaben-Ziffern-Kombination (wie A4 für die Jesuitenkirche) sucht, kennt man eher aus den Vereinigten Staaten. Die Anlage der **Quadratestadt** geht tatsächlich auf den Kurfürsten Friedrich IV. von Pfalz zurück, der die Innenstadt um 1600 netzstrukturartig anlegen ließ.

Die Quadratestadt

Die Ecken und Kanten Mannheims

Zwischen dem Schloss, hinter dem der Rhein anschließt und Neckar, Wasserturm und der Kurt-Schumacher-Brücke, ließ Kurfürst Friedrich IV. ab dem Jahr 1606 die Zitadelle Friedrichsburg, die im Pfälzischen Erbfolgekrieg zerstört wurde, sowie eine daran angrenzende Stadt auf dem Reißbrett planen. Anstatt üblicher Straßenzüge wurden Häuserblocks in Form von 144 Quadraten, manche von ihnen eher Rechtecke, ähnlich einem Schachbrett, angelegt. Diese werden von den Ringstraßen umgeben, die ähnlich einem Hufeisen, den Rahmen der viereckigen Stadtlandschaft bilden. Hintergrund waren einerseits militärische Überlegungen, andererseits sollte das Stadtbild den Idealen der Renaissance entsprechen. Vom Schloss ausgehend teilt die Kurpfalzstraße dieses System in zwei Teile. Links davon findet man die Quadratreihen A bis K, rechts davon L bis U. Die Quadratreihen sind jeweils durchnummeriert, wobei die Zahl von innen (von der Kurpfalzstraße) nach außen ansteigt. An den Häusern sind blaue Straßenschilder angebracht, die sowohl das jeweilige Quadrat als auch die Hausnummern anzeigen. – Und wer sich in diesem Buchstaben-Zahlen-Gewimmel nicht auskennt, der möge sich an einen ortskundigen Mannheimer wenden, der bestimmt gerne bei der Orientierung weiterhilft!

Blick über Mannheim mit Jesuitenkirche und Fernmeldeturm

Essen, Trinken & Durchatmen

Ein kulinarischer Abzweig

Auf dem **„Johanneshof“** in Hockenheim wird Obst- und Gemüsebau betrieben, die Produkte werden im eigenen Hof- und Stadtladen verkauft. Die lauschige Gartenwirtschaft ist über die Region hinaus bekannt für ihre Köstlichkeiten, die fast ausschließlich aus regionalen Produkten zubereitet werden. Auf der Karte stehen „Knackige Würschtle“ ebenso wie „Regionales aus der Kurpfalz und drumrum“ und „Selbstgemachte Flammkuchen“. Auch die Kuchen und Torten sind sehr beliebt. Das Freiluftlokal ist ein echter Tipp bei schönem Wetter!

Johanneshof
Seewaldsiedlung 5
68766 Hockenheim
Tel. +49 6205 5621
www.johanneshof.de

Wer im **„Schwetzinger Brauhaus zum Ritter“** eine Rast einlegt, tut dies in exzellenter Lage. Das Gasthaus liegt am Schlossplatz 1, quasi am Eingang zum Schwetzinger Schloss. Hausbrauerei und Gastwirtschaft blicken auf eine lange Tradition zurück. Bereits seit 1831 existiert das Brauhaus zum Ritter. Gepflegte und bodenständige Gastlichkeit werden hier großgeschrieben. Ein Muss ist das hausgebraute, frisch gezapfte Bier, das nach dem Reinheitsgebot aus dem Jahr 1516 gebraut wird. Dazu gibt es regionale sowie internationale Speisen.

Brauhaus zum Ritter
Schloßplatz 1
68723 Schwetzingen
Tel. +49 6202 924950
www.brauhaus-zum-ritter.de

KUNSTHALLE
MANNHEIM
HÖHEPUNKTE DER
AUSSTELLUNGSJAHRE
2021 – 2022
MINDBOMBS
10.09.21 – 24.04.22
MUTTER!
01.10.21 – 06.02.22
HANNA NAGEL
APRIL – JULI 22
URBAN NATURE –
RIMINI-PROTOKOLL
JULI – OKTOBER 22
BECOMING COBRA.
ANFÄNGE EINER
EUROPÄISCHEN
KUNSTBEWEGUNG.
NOVEMBER 22 – MÄRZ 23
Anzeige
© James Turrell, Split Decision, 2018, Sammlung Kunsthalle Mannheim, Foto: Kunsthalle Mannheim/Florian Holzherr

Städte voller Geschichte und

Hafen Mannheim

47 km

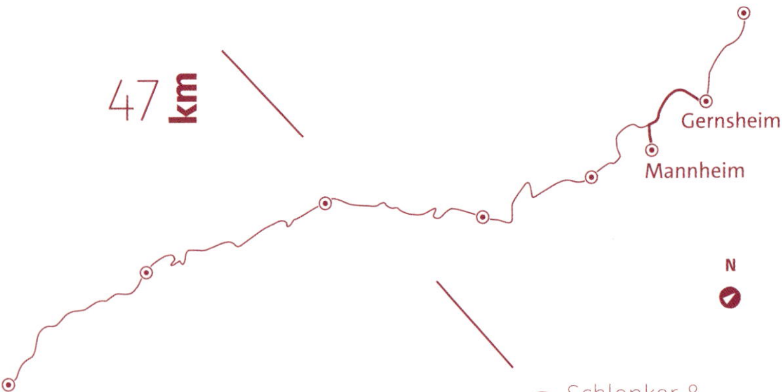

2 Schlenker & Highlights

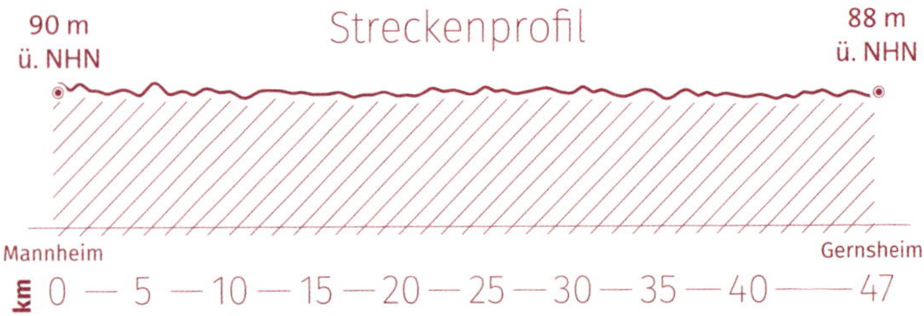

Geschichten

Als Einstieg in Kapitel 6 bietet sich ein Abstecher über die Konrad-Adenauer-Brücke an. Jenseits des Rheins und in wenigen Minuten von Mannheim erreichbar, liegt **Ludwigshafen**, das wirtschaftliche Zentrum des Bundeslandes Rheinland-Pfalz. Die Stadt ging in den 1840er-Jahren aus der sogenannten Mannheimer Rheinschanze, einer Wehranlage, die 1606 unter Kurfürst Friedrich IV. erbaut worden war, hervor. Am Standort Ludwigshafen befindet sich das Stammwerk der BASF, das mit 39.000 Mitarbeitern als größter Arbeitgeber der Region fungiert. Das weltweit führende Chemieunternehmen gewährt im **BASF Besucherzentrum** 28 überraschende Einblicke in die Welt der Chemie. Wenngleich Ludwigshafen neben seinem Nachbarn Mannheim touristisch weniger bekannt ist, bietet die Stadt doch eine bemerkenswerte lebendige Kulturszene. Das Wilhelm-Hack-Museum widmet sich der Kunst des 20. und 21. Jahrhunderts. Die farbenprächtige Wand, die vom katalanischen Künstler Joan Miró aus 7200 Keramikfliesen angefertigt wurde, ist das weithin sichtbare Wahrzeichen des Museums. Kurioses Detail am Rande: Ein schlichter Konstruktionsfehler beim Bau des Museumsgebäudes machte den Bau dieser 4 m hohen Wand überhaupt erst nötig. So entschied man praktisch aus der Not heraus, diese massive Wand künstlerisch gestalten zu lassen.

Jetzt aber wieder zurück zum eigentlichen Start! Die Reise nach Mainz setzt sich nun abermals rechts des Rheins fort. Zwischen Mannheim und Mainz ist der Rhein recht breit und es gibt einige Überflutungsgebiete.

Vom Barockschloss Mannheim geht es durch die Altstadt, bis man auf den Neckar trifft. Zuerst wird aber noch die Kurpfalzbrücke überquert, dann

begleitet man den Neckar auf seinen letzten Metern, ehe er bei Mannheim in den Rhein mündet. Davor gilt es noch, die Drehbrücke der Kammerschleuse am Industriehafen – einem der vier Hafengebiete am Standort Mannheim – zu überqueren. Die Schleuse ist für moderne Binnenschiffe von einer Länge bis zu 140 m ausgelegt. Dabei wird eine Fallhöhe von gerade einmal 30 cm überwunden! Sie erfüllt jedoch einen wichtigen Zweck und soll verhindern, dass der Industriehafen verschlammt oder versandet.

Auf der gegenüberliegenden Rheinuferseite liegt die BASF. Der Radweg zieht sich entlang des Rheins fort über die Friesenheimer Insel, die im Zuge der Rheinbegradigung entstand und von Rhein, Altrhein und Neckar umschlossen wird. Am Ende setzt die Altrheinfähre Mannheim über, die die Friesenheimer Insel nach Bedarf mit Sandhofen anbindet – allerdings nur während dem Sommerhalbjahr. Im Winter ist ein Umweg durch Mannheim und entlang des Altrheinarms unausweichlich.

BASF Besucherzentrum

In der Welt der Chemie

Chemie prägt den Alltag – oft jedoch unbewusst. In Windeln, Keksen, Badebekleidung und Vitaminen, im Sofa und der Zahnpasta spielt Chemie eine Rolle. Was genau dahinter steckt, verrät BASF in einer auf fünf Ebenen präsentierten Ausstellung. Selbstverständlich sind zukunftsweisende Technologien zentraler Bestandteil der Schau. So erfährt man über die Vorzüge des 3D-Drucks, der von Ersatzbauteilen für Autos bis hin zu Beinprothesen Verwendung findet. In der „Stadt der Zukunft" werden künftige globale Herausforderungen beleuchtet. In der „Schatzkammer" werden historische Exponate aus der Geschichte des Unternehmens präsentiert. Kernelemente der Ausstellung sind außerdem das Thema Nachhaltigkeit sowie die Tragfähigkeit des Planeten. Neben dem Besuch des Visitor Centers bietet BASF die Gelegenheit, im Rahmen einer Werkrundenfahrt das über zehn Quadratkilometer große Werksgelände zu erkunden. Infos zu Besichtigung und Voranmeldung: www.basf.com.

BASF Besucherzentrum

Der Weg setzt sich auf dem Deich fort, die Beschilderung weist nach Lampertheim/Worms. Der Rheinradweg ist auf dem Abschnitt von Mannheim nach Worms relativ ruhig, mitunter trifft man aber immer wieder Schäfer mit ihren Herden an. Diese natürlichen Rasenmäher sorgen dafür, dass der Grasbewuchs auf dem Deich kurz gehalten wird. Westlich von Lampertheim erinnert das Naturschutzgebiet Lampertheimer Altrhein, das auf schönen Rundwegen erkundet werden kann, daran, dass sich der Rhein einst, vor dessen **Begradigung**, in Mäandern durch die Auenlandschaft wand.

Auf dem Deich zieht man zunächst westlich an der Spargelstadt Lampertheim vorüber. Dann leitet der Weg über die Wormser Straße und dieser dann parallel entlang, bis man nach links abschwenkt und auf den Deichweg gelangt. Es ist nur noch ein Schwenk nach links, kein nennenswerter Schlenker also, und

Wissenswertes im Gepäck

Die Rheinbegradigung

Bis in das 18. Jahrhundert war der Oberrhein ein natürlicher Fluss. Mit jedem Hochwasser suchte sich der Fluss in einem Labyrinth aus Mäandern einen neuen Weg. Für die Schifffahrt stellte dies jedoch ein Hindernis dar. Im 19. Jahrhundert begann man unter der Leitung des Ingenieurs Johann Gottfried Tulla mit der Begradigung des Oberrheins, der Rhein wurde zu einem geraden, befestigten Flusslauf mit Hochwasserdeichen umgestaltet und um 81 km verkürzt. „In der Regel sollten in kultivierten Ländern die Bäche, Flüsse und Ströme Kanäle sein und die Leitung der Gewässer in der Gewalt der Bewohner stehen“, war Tulla überzeugt. Mit dem Vertrag von Versailles nach dem Ersten Weltkrieg bekam Frankreich dann das alleinige

Altrhein bei Weisweil

echt zur Nutzung der Vasserkraft am Oberhein, woraufhin acht taustufen mit Waserkraftwerken erbaut urden. Die natürlinen Überflutungsau- (ursprünglich 8000 m^2) wurden durch iese Eingriffe um 85 rozent geschrumpft. ahrhundertelang hatn diese Flächen als arnreiche Lebensräume inerseits und natürlicher Hochwasserpuffer andererseits gedient.

Heute stehen viele Altrheinarme und Auengebiete unter Naturschutz, so wie das Naturschutzgebiet Lampertsheimer Altrhein. Die urwüchsigen Auenlandschaften mit ihrem Mosaik an vielfältigen Lebensräumen bieten Heimat für zahlreiche Pflanzenarten, von denen viele selten geworden sind, und unzählige Vogelarten. Heute gibt es Initiativen, um die Auwälder zu reaktivieren, die Auengewässer wieder an den Rhein anzubinden und die Fließgewässer zu renaturieren. Wirtschaftliche Bestrebungen und Naturschutz unter einen Hut zu bringen, war und ist jedoch schwierig.

Highlights am Wegesrand **29**

Worms

Die Nibelungenstadt

Worms gilt als Schauplatz der Nibelungen. Ein Großteil der Szenen aus dem um 1200 von einem anonymen Dichter verfassten Lied spielten in und rund um Worms. Dem mittelalterlichen Heldenepos ist nicht nur eine Brücke gewidmet, sondern auch ein Museum. Im Sommer erwecken die Festspiele die Geschichte rund um den Drachentöter Siegfried, Kriemhild, Brunhild und Hagen vor der Kulisse des Domes St. Peter wieder zu Leben. Das Gotteshaus selbst, das von 1130 bis 1181 erbaut wurde, gehört neben den Domen in Speyer und Mainz zu den drei rheinischen Kaiserdomen und ist ein herausragendes Bauwerk der Romanik. Der Dom war Schauplatz vieler großer Ereignisse, darunter der Reichstag zu Worms im Jahr 1521, bei dem sich Martin Luther vor Kaiser Karl V. verantworten musste. Luther weigerte sich jedoch, seine Schriften zu widerrufen. Zu Ehren des Reformators wurde 1868 das Lutherdenkmal eingeweiht.

Jüdischer Friedhof

Eine andere, sehenswertes Gedächtnisstätte ist der Jüdische Friedhof „Heiliger Sand“ mit rund 2000 Gräbern, wovon die ältesten aus 1058/59 stammen. Damit gilt der Friedhof als ältester jüdischer Friedhof Europas. Bedeutende jüdische Gelehrte und Rabbiner wurden hier beigesetzt. Nicht umsonst trägt die Stadt in der jüdischen Literatur den Beinamen „Jerusalem am Rhein“. Denn Worms prägte, gemeinsam mit Speyer und Mainz, im Mittelalter als SchUM-Städte zusammengeschlossen, Kultur, Religion und Rechtssprechung der mittel- und osteuropäischen Diaspora.

Lutherdenkmal Worms

schon grüßt vor den Toren der Stadt **Worms** 29 die Nibelungenbrücke, die die Vorüberfahrenden dazu einlädt, für einen Zwischenstopp anzuhalten und in den Gassen und Ecken der Stadt die bewegte Geschichte zu erleben.

An der Nibelungenbrücke nimmt man wieder Abschied von Worms. Durch den Ortsteil Rosengarten nutzt der Rheinradweg die Straße, dann wieder einen Radweg, der auf eine Eisenbahnbrücke zu führt. Auf bzw. neben dem Deich, der die Abgrenzung zum Altrhein bildet, geht es weiter, dann über eine Brücke,

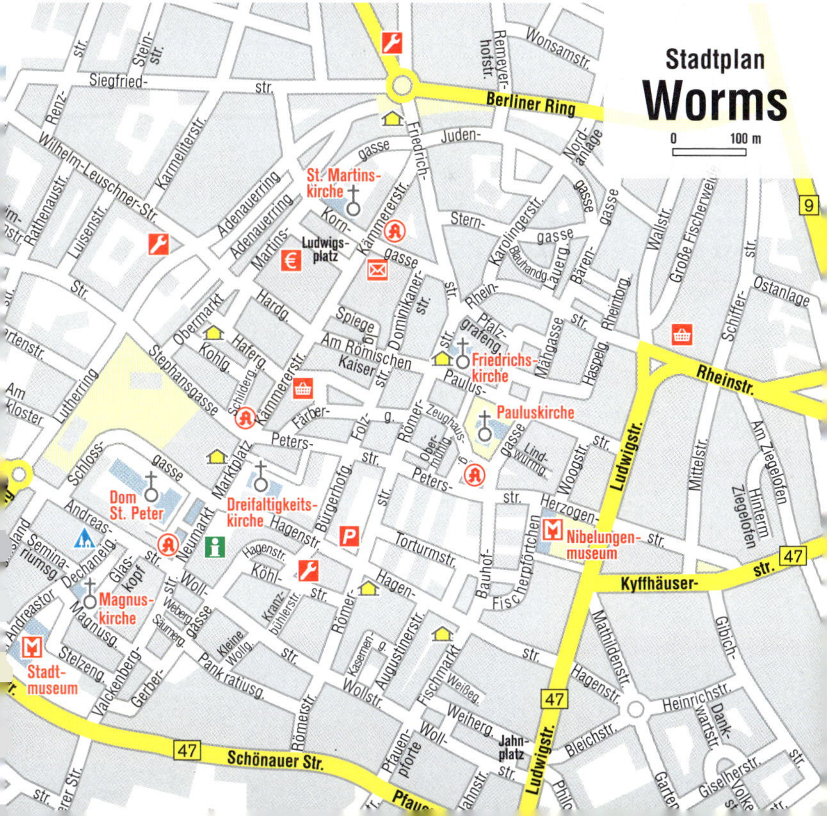

die über den kleinen kanalisierten Fluss Weschnitz führt, bis man sich schließlich abermals dem Rhein annähert.

Auf der Höhe von Rheindürkheim (auf der orografisch linken Seite des Rheins) liegen nahe der Fahrrinne die sogenannten **Hungersteine** im Fluss. Sie erinnern an Zeiten schwerer Not. In Stein wurden jene Jahre gemeißelt, in denen der Rhein kaum Wasser führte, wie zu den extremen Niedrigwasserereignissen in den Jahren 1857, 1959 und 1963. Eine weitere Inschrift erinnert an die große Hungersnot 1947 nach dem Zweiten Weltkrieg, als, aufgrund extremer Kälte, der Rhein zufror und damit der lebenswichtige Transport von Lebensmitteln sowie Kohle zum Heizen abbrach. Nur äußerst selten kann man jedoch einen Blick auf die Hungersteine werfen, dann nämlich, wenn der Pegelstand aufgrund großer Trockenheit und Hitze extrem niedrig ist, so wie im Jahr 2011. Zumeist sind sie jedoch vom Rhein bedeckt und unsichtbar.

Auf der Weiterfahrt stellt sich das Atomkraftwerk Biblis in den Weg, das 2017 stillgelegt wurde und nun umrundet werden muss. In der Hammer Aue geht es vorbei an einem See, dann zieht der Weg nach rechts. An der Bundesstraße biegt man nach links, in Richtung Klein-Rohrheim. Noch die letzten Kilometer absolvieren, dann ist das Ziel des Kapitels – **Gernsheim** – erreicht. Dem berühmtesten Sohn der Stadt zu Ehren, Peter Schöffer, trägt Gernsheim den Beinamen „Schöfferstadt". Schöffer, 1425 hier geboren, war Mitarbeiter von Johannes Gutenberg bei der Er-

findung des Buchdrucks. Das Museum der Schöfferstadt Gernsheim widmet sich natürlich ausführlich dem Druck- und Verlagsunternehmer, Typographen und Entwicklungsingenieur, aber auch anderen kultur- und naturhistorischen Themen. Auch ein Denkmal erinnert an den Mann, „der durch seinen Forschungsgeist die Kunst des Buchdrucks

Nibelungenbrücke

vervollkommnet und mit tätigstem Eifer verbreitet hat". Im Hafen von Gernsheim wirkt die im Zweiten Weltkrieg zerstörte Brücke, die gerade einmal sechs Jahre bestanden hatte, wie ein Mahnmal. Auf einen Neubau der Brücke zwischen Gernsheim und Eich konnte man sich bis heute nicht einigen. Stattdessen verbindet nach wie vor die Fähre „Helene" die beiden Ufer. Für die Fortsetzung der zertifizierten Rheinradwegroute im nächsten und letzten Kapitel dieses Radreiseführers muss der Rhein an dieser Stelle überquert werden. Rechtsrheinisch gibt es bis Mainz zwar auch eine Route mit den EuroVelo-Schildern, die offizielle Strecke hält sich nun aber links des Rheins.

Essen, Trinken & Durchatmen

Ein kulinarischer Abzweig

Das Restaurant **„Altes Ruderhaus“** ist ein idealer Haltepunkt für Radler, zum einen durch die Lage direkt am Floßhafen, zum anderen dank der zahlreichen Rad-Abstellplätze sowie der kostenlosen Ladestation für E-Bikes. Entspannen und stärken kann man sich bei Speisen mit rheinhessischen Einflüssen wahlweise im rustikalen Biergarten unter den alten, schattenspendenden Platanen mit Blick auf den Fluss und den Floßhafen oder auf der Sonnenterrasse direkt am Wasser.

Altes Ruderhaus
Floßhafenstraße 7
67547 Worms
Tel. +49 6241 3086202
restaurant.altes-ruderhaus.de

Einst diente das Alte Fährhaus den Fährleuten als Unterkunft und zur Lagerung von Geräten. Das heutige Kulturdenkmal wurde im Jahre 1893 erbaut und 1905 erweitert. Seit mittlerweile 10 Jahren dient das **„Gernsemer Fährhaus“** als Wirtshaus. Hier kann man frühstücken, sich mittags mit einem „Fährmann-Schnitzel“ stärken oder zwischendurch ein Bismarckheringbrötchen verspeisen und dabei der Fähre zusehen, die auch heute noch wie einst Gernsheim mit Eich verbindet.

Gernsemer Fährhaus
Schifferstraße
64579 Gernsheim
Tel. +49 6258 949035
www.gernsemer-faehrhaus.de

Die letzten Kilometer

Der Blaustern gedeiht in der Knoblochsaue

43 km

2 Schlenker & Highlights

Streckenprofil

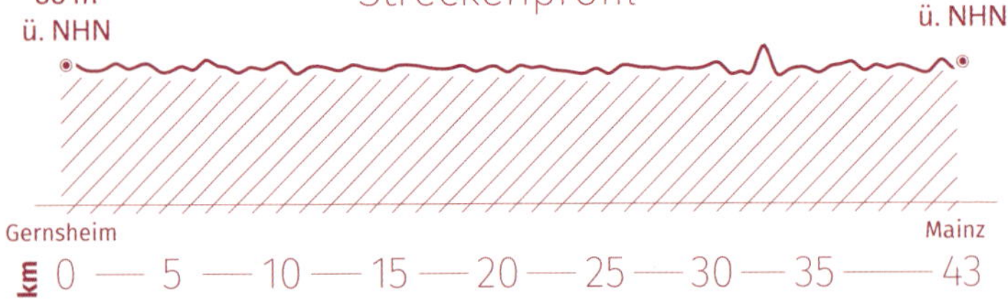

Ein letzter Blick auf Gernsheim, dann heißt es auf der linksrheinischen Uferseite den Weg Richtung Norden fortzusetzen. Das Finale steht an: die letzten 38 km bis nach Mainz.

Dem Rhein entlang Richtung Norden breitet sich am nordöstlichen Rand von Eich der Eicher See aus. Der Baggersee verfügt über einen Zugang zum Rhein und ist beliebt bei Seglern, Surfern und Anglern. Rund um das beliebte Naherholungsgebiet scharen sich zahlreiche Wochenendhäuschen. Ein Stück weiter erstreckt sich auf der rechten Rheinuferseite das **Naturschutzgebiet Kühkopf-Knoblochsaue**, das auch als Europa-Reservat ausgewiesen und Teil des europaweiten Schutzgebietsnetzes Natura 2000 ist. Mit der Rücknahme menschlicher Einflüsse (die Aufgabe der Land- und Forstwirtschaft sowie der Pflege der Deichsysteme) entwickelt sich wieder eine naturnahe Landschaft, die von der gestalterischen Kraft des Rheins geprägt wird. Kleinere und größere Gewässer, urwüchsige Weich- und Hartholzauen und bunt blühende Stromtalwiesen charakterisieren die Landschaft der Rheininsel Kühkopf sowie des angrenzenden Auenkomplexes der Knoblochsaue. Die Gegend ist artenreich, besonders erfreulich ist der hohe Anteil an Arten, die eigentlich auf der Roten Liste als vom Aussterben bedrohte Tier- oder Pflanzenarten eingestuft werden. Hier scheinen sie sich wohl zu fühlen. Das Naturschutzgebiet wird von einem 60 km langen Wander- und Radwegenetz durchzogen. Das Hofgut Guntershausen beherbergt das Umweltbildungszentrum „Schatzinsel Kühkopf" mit Dauerausstellungen unter dem Titel „Mitten im Fluss", „Geschichte im Fluss" und „Welt im Fluss". Einen Ausflug dahin muss man bereits in Gernsheim planen, da der Fährbetrieb von Guntersblum 2012 eingestellt wurde – der Betrieb einer Elektrofähre ist jedoch geplant.

Highlight am Wegesrand **30**

Oppenheim

Mittelalterliches Weinstädtchen

Von Weitem fällt die Fassade der Katharinenkirche bereits ins Auge, die über der Altstadt Oppenheims thront. Die prächtige Sandsteinfassade, das berühmte Lilienfenster und die Oppenheimer Rose sowie das größte und besterhaltene Gebeinhaus Deutschlands zählen zu den Höhepunkten der gotischen Kirche. In der Altstadt mit ihren verwinkelten Gassen laden Weinstuben ein, die ausgezeichneten Weine der Oppenheimer Winzer zu verkosten. Wer mehr rund um Rebe und Wein und die Geschichte des Weinanbaus erfahren möchte, sollte das Deutsche Weinbaumuseum besichtigen. Unterhalb der Altstadt Oppenheims verlaufen die Katakomben. Das Kellerlabyrinth, das zwischen dem 12. und 17. Jahrhundert ausgebaut wurde und bis zu fünf Stockwerke in die Tiefe reicht, diente als Weinkeller, aber auch zur Lagerung anderer Güter und kann heute auf zwei Rundgängen durchgegangen werden. Es ist Zeichen für Oppenheims Bedeutung als wachsende Handelsstadt im Mittelalter.

Katharinenkirche Oppenheim

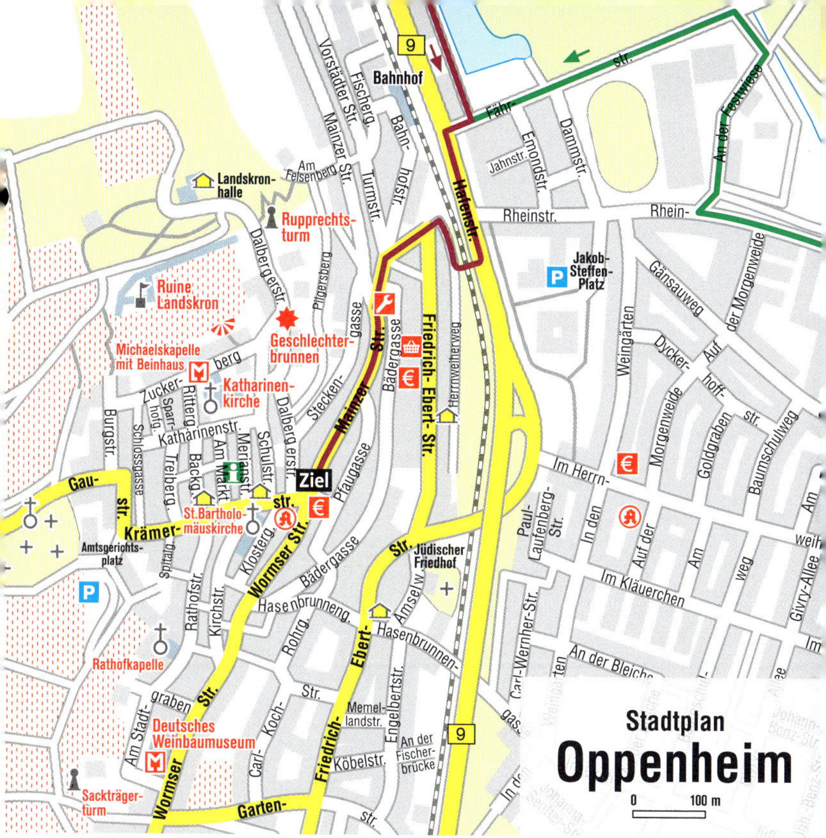

Auf der gegenüberliegenden Rheinseite liegt zwischen Rhein und dem Rheinradweg nun der Flugplatz von Oppenheim, ein erster Vorbote dafür, dass es nicht mehr weit bis zum nächsten Highlight auf der Strecke ist. Und tatsächlich erreicht man bereits nach einem ausladenden Rechtsbogen die Weinstadt **Oppenheim** (30).

Rund 3,5 km weiter den Rhein flussabwärts, vorüber an der Rheinfähre Nierstein–Kornsand, liegt bereits die nächste berühmte Weingemeinde – die Riesling-Stadt Nierstein. Sie ist mit beinahe 1000 ha Weinbergsfläche die größte weinbaubetreibende Gemeinde am Rhein.

Von Nierstein aus säumen nun Weinberge den Radweg. Die schöne Kilianskirche überragt sie. Unterhalb des Radwegs verläuft die Bahnstrecke und fließt weiterhin unablässig der Rhein. Vor den Toren von Mainz liegt noch die idyllische Weinbaugemeinde Nackenheim am Weg. Vor Nackenheim lagern zwei Inseln, Kisselwörth und Sändchen, im Rhein, die beide unter Naturschutz stehen. Auf der Ostseite von **Kisselwörth**

Wissenswertes im Gepäck

Rheinschiffsmühlen

Als Mehl am Rhein gemahlen wurde

Jahrhundertelang dienten Schiffsmühlen am Rhein der Getreideverarbeitung. Über Schaufeln wurden durch die Flussströmung die Mahlwerke angetrieben. Während Windmühlen vom Wind und Wassermühlen vom Pegelstand abhängig waren, erwiesen sich Schiffsmühlen als relativ zuverlässig. Allein vor Ginsheim waren zur Blütezeit bis zu 21 dieser schwimmenden Kleinbetriebe im Rhein verankert. Im gesamten Rhein dürften es an die 300 gewesen sein. Mit dem steigenden Schiffsverkehr im Zuge der Industrialisierung und der abnehmenden Wirtschaftlichkeit verschwanden die Schiffsmühlen, die letzte 1928. Heute gewährt das Museum in der authentisch rekonstruierten Rheinschiffsmühle bei Ginsheim Einblicke in Technik und Arbeitsbedingungen auf einer Schiffsmühle um 1900.

Schiffsmühle Ginsheim

befindet sich ein Badestrand – ein Geheimtipp für ein bisschen Erholung. Die Deutsche Lebens-Rettungs-Gesellschaft (DLRG) betreibt wochenends eine Fähre, die Gäste zur Insel bringt.

Anstelle der Weinberge treten nun Felder in das Blickfeld, die die Kulisse für den Rheinradweg bis in das Stadtgebiet Mainz prägen. Immer den Rhein entlang stößt man schließlich auf den alten Weinort Laubenheim. Die ländliche Idylle täuscht darüber hinweg, dass Laubenheim eigentlich bereits ein Stadtteil von Mainz ist. Am rechten Rheinufer bei Ginsheim liegt die Rheinschiffsmühle Ginsheim im Wasser. Die Rekonstruktion der letzten produktiven **Rheinschiffsmühle** ist einmalig in Europa.

An den Rhein haltend unterquert man die Autobahnbrücke und später eine Eisenbahnbrücke. Knapp oberhalb der Brücke mündet der Main, der längste rechte Nebenfluss des Rheins, bei Mainz-Kostheim in den Rhein.

Nach fast 400 km hat man nun das Ziel erreicht: **Mainz** – die Dom- und Landeshauptstadt von Rheinland-Pfalz. Mainz ist nicht nur weltbekannt als Hochburg der Fastnacht. Während der „Fünften Jahreszeit" herrscht alljährlich Ausnahmezustand. **Mainz** steht für guten Wein, Sehenswürdigkeiten wie den **Dom St. Martin** 30 und das **Gutenberg-Museum** 31 und eine 2000 Jahre Geschichte. Herausragend ist das jüdische Erbe mit dem Alten Jüdischen Friedhof, das die UNESCO, gemeinsam mit den anderen SchUM-Städten Speyer und Worms, 2021 als Weltkulturerbe anerkannt hat. Als gemütlicher Ausklang der Radreise bietet sich ein Spaziergang durch die Altstadt von Mainz und ein Besuch des Mainzer Wochenmarkts an, der zu den ältesten und schönsten Märkten Deutschlands zählt.

Catharina Elisabeth Goethe, die Mutter von Johann Wolfgang von Goethe hielt über die Reisen ihres Sohnes nach Mainz fest: „Wenn mein Sohn von Frankfurt nach Mainz reist, so bringt er mehr Kenntnis heim als andere aus Amerika." In diesem Sinne mögen auch die Radfahrer auf dem Rheinradweg nach dieser Reise reich an Kenntnissen, schönen Naturerlebnissen und kulturellen Eindrücken wieder nach Hause zurückkehren.

Highlights

in Mainz

30 Dom S. Martin

Der Mainzer Dom mit seiner großartigen doppelchörigen Anlage galt jahrhundertelang als religiöses und politisches Zentrum des römisch-deutschen Reiches. Erzbischof Willigis legte 975 den Grundstein für den Dom, als Vorbild diente der Petersdom. Sieben Könige wurden im Kaiserdom gekrönt, ebenso viele Brände überstand das Gotteshaus im Laufe der Zeit. Eine weitere kirchliche Attraktion ist St. Stephan mit den Fenstern von Marc Chagall.

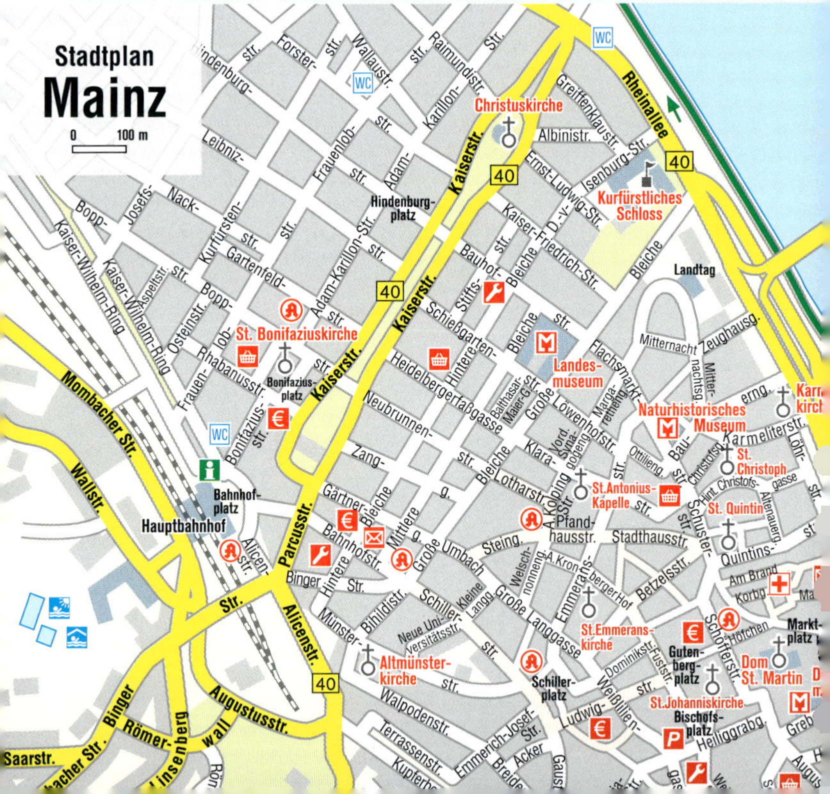

Gutenberg-Bibeln im Tresorraum, Gutenberg-Museum

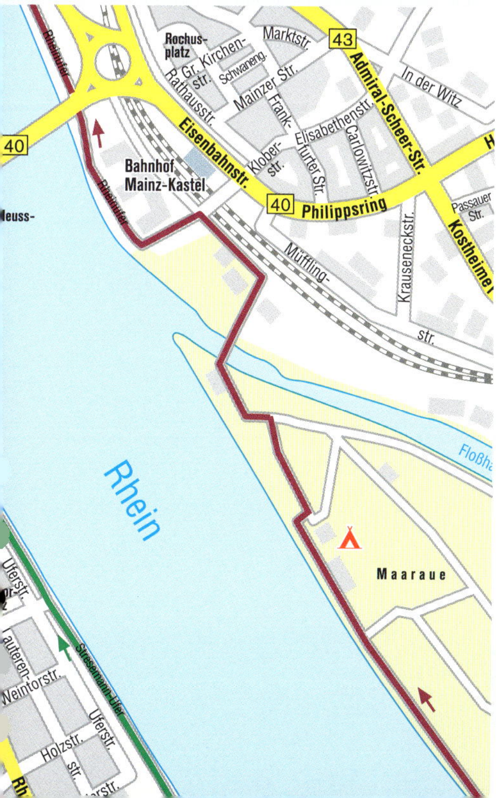

31 Gutenberg-Museum

Wo, wenn nicht in Mainz, liegt das „Weltmuseum der Druckkunst"… Vier Jahrtausende Buch-, Druck- und Schriftkultur werden hier lebendig. Hier spannt sich der Bogen von der Keilschrift bis zur modernen Typografie. Drucktechnische Werkzeuge, Setzmaschinen und Druckerpressen veranschaulichen den Weg vom leeren Papier zum gedruckten Buch. Herzstück des Museums ist die Schatzkammer, ein Tresorraum, in dem zwei originale Exemplare der weltberühmten Gutenberg-Bibel aus der Mitte des 15. Jahrhunderts zur Schau gestellt sind. Sogar die Werkstatt des berühmtesten Sohnes der Stadt, Johannes Gutenberg – der Erfinder des modernen Buchdrucks, der auch als Auslöser einer wahren Medienrevolution als „Mann des Jahrtausends" bezeichnet wird, wurde rekonstruiert. Im Druckladen kann man sich selbst unter fachkundiger Anleitung im Setzen und Drucken üben.

gasse

Essen, Trinken & Durchatmen

Ein kulinarischer Abzweig

Bei der Auswahl an Gasthäusern ist es manchmal schwierig, die richtige Wahl zu treffen. Am besten ist dann, man greift zu **„Plan B“** – in Nierstein gelangt man unter diesem Namen nämlich in ein Restaurant, das für seine köstlichen und kreativen Burger und seine Varianten des Pulled Pork bekannt ist. Im modernen Ambiente des Plan B ist es nach all den Bier- und Weinverkostungen vielleicht auch mal Zeit für eine Alternative auf der Getränkekarte. Wie wäre es zum Beispiel mit einer hausgemachten Limonade?

Plan B
Marktplatz 3
55283 Nierstein
Tel. +49 6133 5779850
www.planbnierstein.de

Das **„Kamin“** inmitten der Mainzer Altstadt, nahe dem Rheinufer, ist ein schöner Ort, um die Radtour ausklingen zu lassen. Das knisternde Feuer im offenen Kamin des Flammkuchen-Restaurants ist schon ein Hingucker. Serviert werden hier, der Beiname verrät es, Flammkuchen – und das in allen möglichen Variationen und dazu schmackhafter regionaler Wein. Das Lokal ist ziemlich beliebt. Wer sichergehen möchte, sollte eventuell einen Tisch reservieren.

Kamin- Flammkuchen-Restaurant & Bar
Kapuzinerstraße 8–10
55116 Mainz
Tel. +49 6131 6277887
www.kamin-mainz.de

Rohan-Palast in Strasbourg

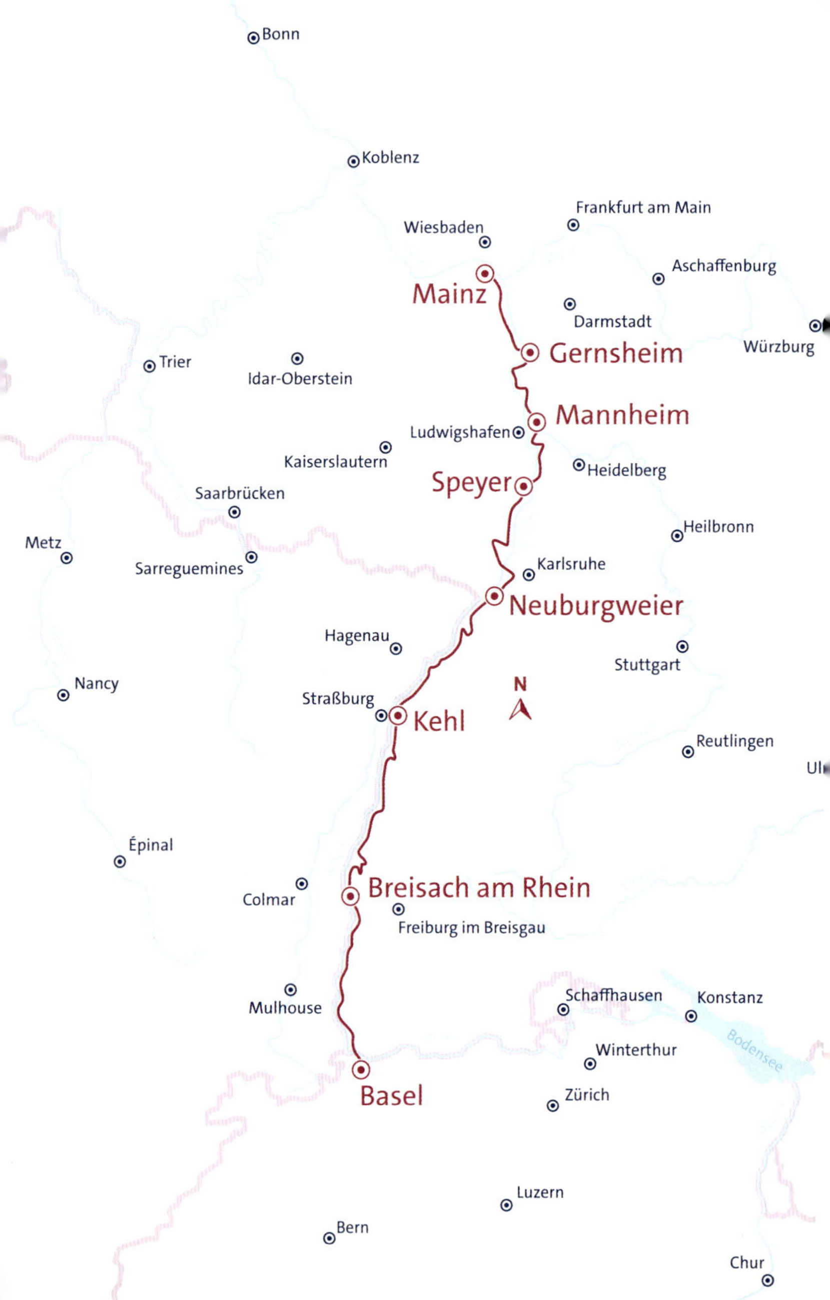
Bonn
Koblenz
Frankfurt am Main
Wiesbaden
Aschaffenburg
Mainz
Darmstadt
Würzburg
Gernsheim
Trier
Idar-Oberstein
Mannheim
Ludwigshafen
Kaiserslautern
Heidelberg
Speyer
Saarbrücken
Heilbronn
Metz
Sarreguemines
Karlsruhe
Neuburgweier
Hagenau
Stuttgart
N
Nancy
Straßburg
Kehl
Reutlingen
Épinal
Breisach am Rhein
Colmar
Freiburg im Breisgau
Schaffhausen
Konstanz
Mulhouse
Bodensee
Winterthur
Basel
Zürich
Luzern
Bern
Chur

Der

Rheinradweg

Von Basel nach Mainz

Teil 2

Roadbook

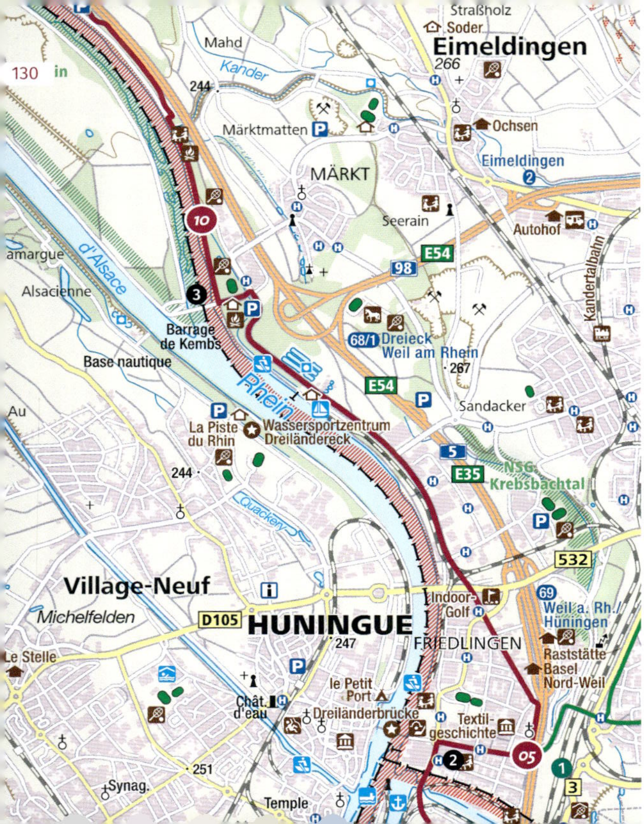

Start

❶ **Start** an der *Mittleren Rheinbrücke* in **Basel** → auf dem *Unteren Rheinweg* rechts entlang des Rheins → vorbei an der *Johanniterbrücke* und der *Dreirosenbrücke* → auf *Altrheinweg* bis zum Wiesezufluss → scharf rechts auf den *Wiesendamm* und gleich scharf links auf der Kleinhüningerstraße über die Brücke → geradeaus in *Dorfstraße* durch **Basel-Kleinhüningen** → rechts auf den *Weilerweg* → gleich links in die *Hiltalingerstraße* →

❷ **Grenze Schweiz/Deutschland** (links die Dreiländerbrücke) → kurz geradeaus → rechts auf *Hauptstraße* bis zur Autobahnbrücke

1 Autobahnbrücke unterqueren → weiter auf *Hauptstraße* nach **Weil am Rhein** → links in *Mühlheimer Straße* →
2 **Vitra-Design-Museum**
Weg zurück zur Autobahnbrücke →

scharf links → auf *Alte Straße* durch **Weil am Rhein** → unter Bundesstraße hindurch → weiter auf *Alte Straße* →

❸ Stauwehr Märkt (Barrage de Kembs) → Radweg am Rheinufer

BASEL
SAINT-LOUIS
Riehen
Hésingue
BOURGFELDEN
Hégenheim
Allschwil
Birsfelden
Muttenz
KLEINBASEL
Kleinhüningen
OTTERBACH
Neuallschwil
Rhein
Wiese
Birs
Musée d'Art Contemporain
Château d'eau
In den Rainen
EuroAirport
Bahnhof St. Johann
Friedmatt
Im Mattweg
Im Holder
Gartenbad Bachgraben
Das Schiff
Skatepark Port Land
Basel-Kleinhüningen
BS-St. Johann
BS-Kannenfeld
BS-Klybeck
Kannenfeld-park
Anatom. Museum
Messeturm
Naturhist. Museum
Jüd. Museum
Spielzeug Welten Mus.
Münster
Antikenmus.
START
Schützenmatt-park
Cartoon-mus.
Kunstmus.
Hist. Mus.
Musikmus.
Papiermus.
Tinguely
Bahnhof SNCF
Bahnhof SBB
St. Margareten
Sternwarte
Sonnenbad
Acht-Jucharten
Auto-museum
Kletterhalle 7
Güterbahnhof
Merian Gärten
Kutschenmus.
Sportzentrum
St. Jakob
St. Jakob-Park
Kunsthaus
Muttenz-Nord
Pantheon
Hagnau
Basel-St. Jakob
Basel-City
Basel-Breite
Birsköpfli
Biotop
Basel-Wettstein
Bad. Bahnhof
Badischer Bahnhof
Gartenbad Eglisee
Bäumlihof
Verzw. Wiese
imPulsiv Freizeitcenter
Drei Länder Garten
Rütti
Laguna
Pavillon
Kiesgrube Käppelin
Breitmatte
Friedhof am Hörnli
Waldhaus
Auhafen
Hard
Heimat-museum
Bim Chrüz
Spitzwald
Neuallschwil
D105
E25
E60
E35

Dreiländermuseum Lörrach

❶ **Abstecher zum Dreiländermuseum Lörrach (6,5 km):** Die Autobahnbrücke unterqueren → immer weiter auf der *Hauptstraße bis zur*

❸ **Grenze Deutschland/Schweiz** → weiter auf *Weilstraße* → den Fluss Wiese überqueren → links der Wieser entlang → **Grenze Schweiz/Deutschland**

❹ **Lörrach** → *Wiesenthalstraße* → im Kreisverkehr geradeaus → beim Fast Food Restaurant rechts in *Clara-Immenwahr-Straße* → im Kreisverkehr links auf *Basler Straße* →

❺ **Dreiländermuseum**

Rückweg wie Hinweg.

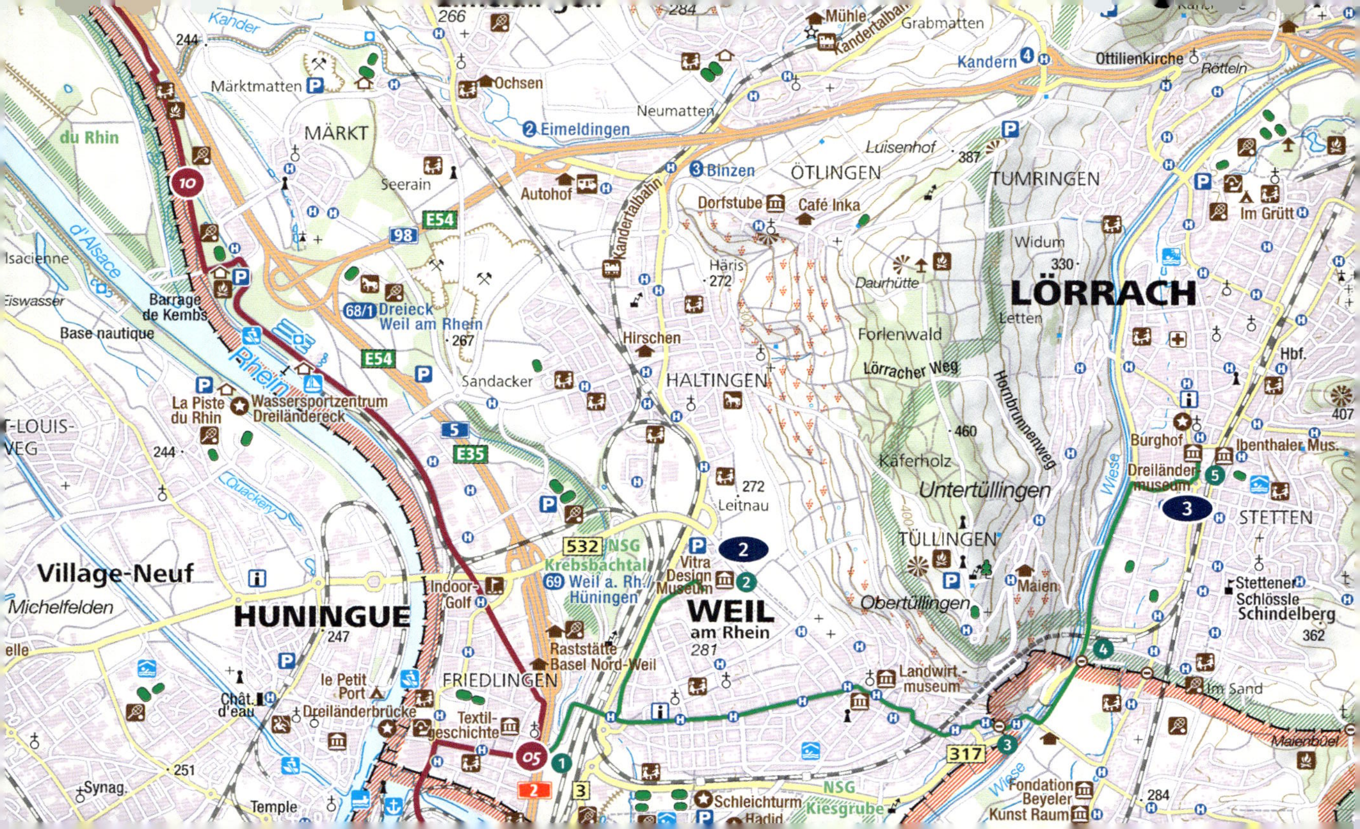

LÖRRACH
WEIL
am Rhein
HUNINGUE
Village-Neuf
Michelfelden
MÄRKT
Märktmatten
ÖTLINGEN
TUMRINGEN
HALTINGEN
TÜLLINGEN
Untertüllingen
Obertüllingen
FRIEDLINGEN
STETTEN
Kandern
Eimeldingen
Binzen
Kandertalbahn
Neumatten
Grabmatten
Mühle
Ottilienkirche
Rötteln
Luisenhof
Ochsen
Autohof
Seerain
Dorfstube
Café Inka
Widum
Letten
Dauhütte
Forlenwald
Lörracher Weg
Hornbrunnenweg
Käferholz
Häris
Hirschen
Sandacker
Leitnau
Maien
Im Grütt
Hbf.
Burghof
Ibenthaler Mus.
Dreiländermuseum
Stettener Schlössle
Schindelberg
Im Sand
Maienbühl
Fondation Beyeler
Kunst Raum
Landwirt.-museum
Vitra Design Museum
NSG Krebsbachtal
Weil a. Rh./Hüningen
Raststätte Basel Nord-Weil
Indoor-Golf
Textil-geschichte
Dreiländerbrücke
le Petit Port
Chât. d'eau
Temple
Synag.
Schleichturm
NSG Kiesgrube
Hadid
Dreieck Weil am Rhein
Wassersportzentrum Dreiländereck
La Piste du Rhin
Barrage de Kembs
Base nautique
Rhein
d'Alsace
du Rhin
Kander
Wiese
Quackery
Isacienne
Eiswasser
E54
E35
98
68/1
5
69
532
317

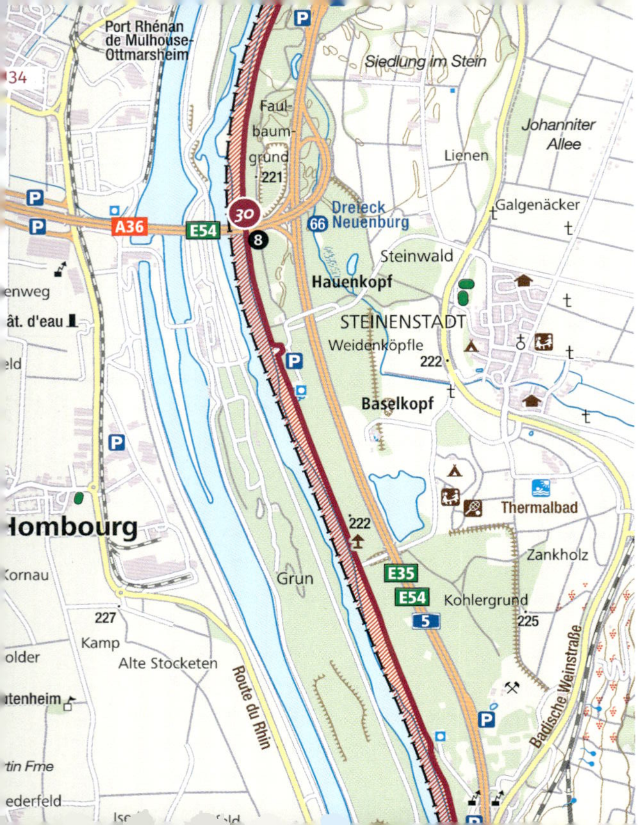

vorbei an Abzweigung nach **Efringen-Kirchen** →

❹ Isteiner Schwellen → vorbei an **Istein** →

❺ vorbei an Abzweigung nach **Kleinkems** →

❻ Naturschutzgebiet Kapellengrien → vorbei an der Abzweigung nach **Rheinweiler** →

❼ vorbei an **Bad Bellingen** mit den Balinea Thermen → Fußball-Sportanlage von Bad Bellingen → Autobahnraststätte Bad Bellingen → weiter auf Radweg

Isteiner Schwellen

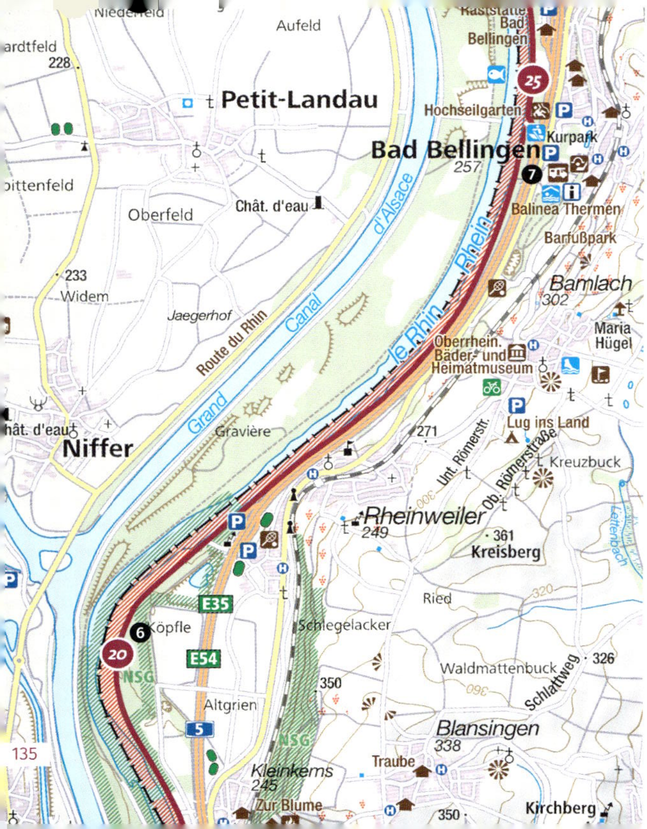
Petit-Landau
Bad Bellingen
257
Hochseilgarten
Kurpark
Balinea Thermen
Barfußpark
Bamlach
302
Maria Hügel
Oberrhein. Bäder- und Heimatmuseum
Lug ins Land
Kreuzbuck
Unt. Römerstr.
Ob. Römerstraße
Rheinweiler
249
Kreisberg
361
Ried
Schlegelacker
Waldmattenbuck
326
Schlattweg
Blansingen
338
Traube
Kleinkems
245
Zur Blume
Kirchberg
Altgrien
Köpfle
Niffer
Aufeld
Oberfeld
Widem
Jaegerhof
Route du Rhin
Grand Canal d'Alsace
le Rhin
Rhein
Gravière
Chât. d'eau
Lettenbach
E35
E54
NSG

Kleinkems
245
Gerichtsstuhl
Welmlingen
287
Engeberg
Birken
Letterhaus
Römerstraße
Tischlig
361
Efringen-Kirchen
Huttingen
345
Rheinblick
Torackern
Engemühle
Kalkgraben
Engebach
Badische Weinstraße
Isteiner Klotz
Grünberg
328
Schafberg
387
Istein
257
Markgräflerhof
Holzmatten
Efringen-Kirchen
258
Isteiner Schwellen
l'Île
Effringen
Kirchen
239
247
Service de la navigation
Rés. Nat.
la Ferme du Moulin
Anc. Gravière
Les Ecluses
Staustufe Kembs
Usine Hydroélectrique de Kembs
Loechlé
Breitgraben
Augraben
Au
Bartenheim la-Chaussée
le Rhin
Grand Canal
E54
E35
NSG

❽ Autobahn unterqueren
weiter auf Radweg entlang des Rheins →

❾ Rheinbrücke vor **Neuenburg** unterqueren → parallel zum Altrhein weiter

❿ vorbei an Abzweigung nach **Zienken** → vorbei an Naturschutzgebiet Käfigecken

⓫ vorbei an Abzweigung nach **Grießheim** → Grießheimer Baggersee → der Autobahn annähernd

⓬ an der Autobrücke kurz nach rechts → nach links Straße unterqueren → gleich wieder links und rechts auf dem Radweg weiter → vorbei an Kiesgrube

Altrhein bei Neuenburg

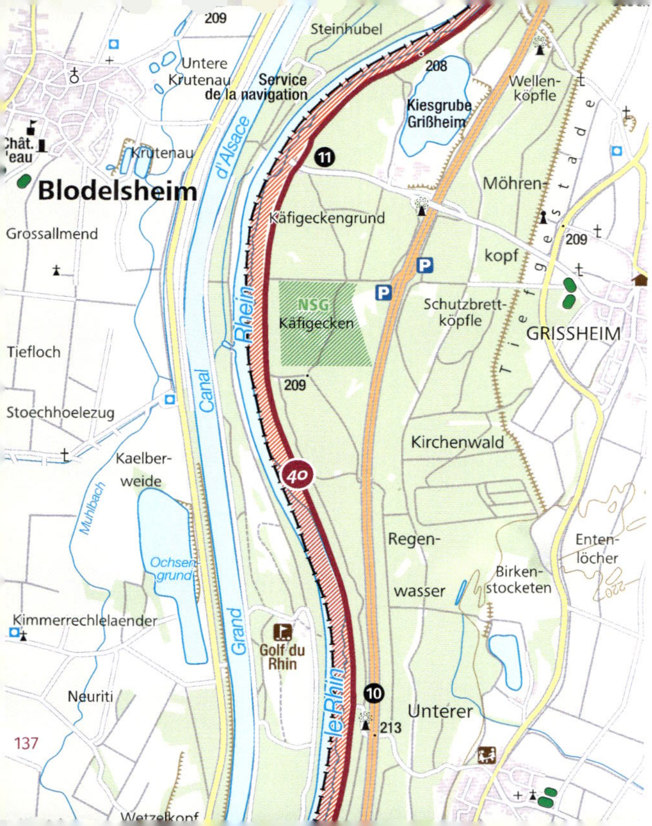
Blodelsheim
Untere Krutenau
Krutenau
Service de la navigation
Steinhubel
Kiesgrube Grißheim
Wellen-köpfle
Käfigeckengrund
Möhren-kopf
NSG Käfigecken
Schutzbrett-köpfle
GRISSHEIM
Tiefgestade
Grossallmend
Tiefloch
Stoechhoelezug
Kaelber-weide
Ochsen-grund
Muhlbach
Canal d'Alsace
Grand Canal
Rhein
le Rhin
Kirchenwald
Regen-wasser
Birken-stocketen
Enten-löcher
Kimmerrechlelaender
Golf du Rhin
Neuriti
Unterer
Wetzelkopf
209
208
213

Im Aufeld
Aufeld
Althing
216
Chalampé-le-Bas
Bantzenheim
Chalampé
Oberfeld
Lochacker
Muhlbach
Rheingärten
Centre électrique
Canal d'Alsace
Grand Canal
le Rhin
Rhein
Müllheim/Neuenburg
NEUENBURG am Rhein
230
Motorsport-gelände
Kreuzgrund
Wald
NSG
378
Museum für Stadtgeschichte
Autohof
Anika
E35
5
65
Klosterkopf
Oberer Wald
Wollbachsau
Geigenbuck
Schlossacker
Bisenboden
Am Fischerpfad
217

BREISACH
am Rhein
225
Start/Ziel
1
16
Rheintor
Mus. f. Stadtgeschichte
Stephansmünster
226
Breisacher Fahrgast-Schifffahrt
Ruine Zähringen
15
Waldschwimmbad
Waldstadion
Europaweiher
Kulturwehr
6
60
224
Regattastrecke
Rhein
le Rhin
222
Badischer Winzerkeller
Rebenbumm
Spitalhof
Holland
Badische Weinstr.
Ziegelei
NSG
Hochstetter
Feld
193
Härtle-wald
Besemen
Verenenkap.
HOCHSTETTEN
Grien
GÜNDLINGEN
Verkehrs-übungsplatz
31
Alte Ackern
Geißen-kopf
Möhlin
Grüne Straße
197
Rothaus
Kieswerk
Teiler-wald
Brenetbuck
198
Club nautique
Geiskopf
Forêt
le Schelmenrherigrun
le Kaeshag
Rothgern Fmes
NEUF-BRISACH
Musée Vauban
4
Biesheim
Strohstadt Fme
Ancienne Voie Romaine
Halbweg
Weiherfeld
Petite Hollande Fme
Rueschhurts
Pulvermuhl Fme
Volgelsheim
196
Cim. israelite
7
Kleemalt
Route Verte (Grüne Straße)
Abatucci
Chât. d'eau
Vogelgrun
Muhlfeld
le Moulin d'Horbermuhl
les Hefte Fme
Mittelfeld
Algolsheim
Altacker
Sandacker
Mattfeld
Rheinwald
Härtle
Canal de la Hardt
Alte Strasse
Obersaasheim
196
199
Leimengrube

⓭ vorbei an Abzweigung nach **Hartheim** → vorbei an Abzweigung nach **Bad Krozingen** → Hartheimer Baggersee

⓮ vor dem kleinen Hafen nach rechts → Hafen in einem Linksbogen umrunden → auf *Franzosenweg* links → gleich rechts weiter auf Rheinradweg → bei Bootsrampe kurz rechts → kleiner Linksbogen → weiter entlang des Rheins

⓯ unter der Rheinbrücke hindurch → auf *Rheinuferstraße* → rechts →

⓰ **Breisach am Rhein/Ziel**

❻ über Rheinbrücke nach Frankreich → auf Rue de la Forêt Noire nach Volgelsheim → Rue des Voges → links in Rue d'Alsace → rechts in Allée des Sports → rechts auf Chemin des Ecoliers → rechts auf Voie Romaine → vor den Bahngleisen links → auf Höhe des Bahnhofs Neuf-Brisach links in Rue de Strasbourg →
❼ **Vauban Festungsanlage, Neuf-Brisach**
Weg zurück nach **Breisach** →

Start

❶ *Marktplatz* **Breisach** → *Josef-Bueb-Straße* → Wohnmobil-Stellplatz Breisach → *Hafenstraße* →

❷ nach Rechtskurve links auf *Himmelsstiege* → an Wegverzweigung sofort wieder links auf dem Radweg entlang des Rheins →

❸ Burkheimer Baggersee →

❹ am Wehr von **Burkheim** rechts → am Fußballplatz gleich wieder nach links → weiter am Altrhein entlang →

❺ an zweiter Staustufe rechts über Rheinzulauf (von hier Abstecher nach **Sasbach am Kaiserstuhl** möglich) → gleich links *Am Rhein* unterhalb des Limbergs →

① über die Rheinbrücke → nach Eisenbahngleisen links → rechts auf *Rue de Rhin* →

② **Maginot Linien Museum (Casemate-Mémorial Ligne Maginot)**

Weg zurück →

Weinreben am Kaiserstuhl

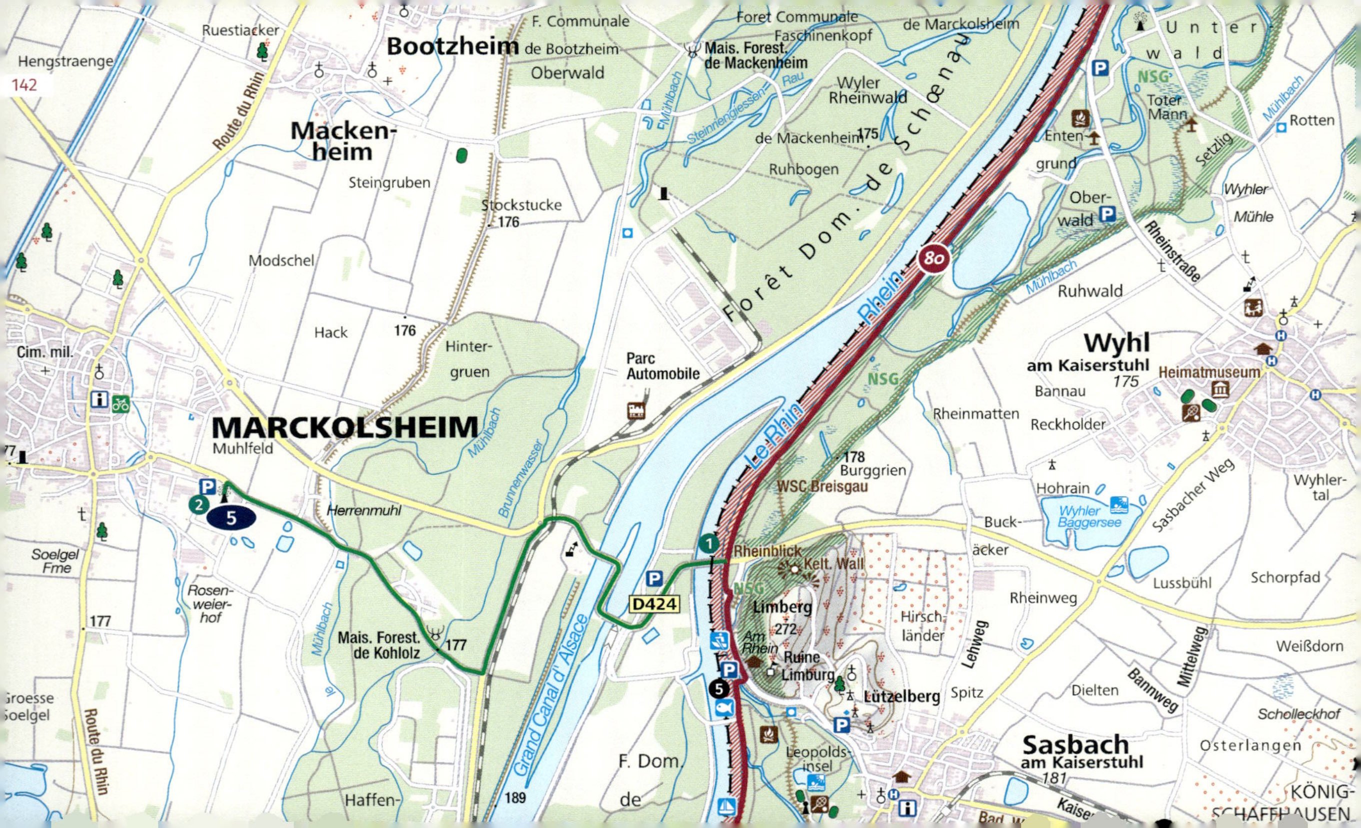
Bootzheim
F. Communale
de Bootzheim
Oberwald
Macken-
heim
MARCKOLSHEIM
Muhlfeld
Cim. mil.
Ruestiacker
Hengstraenge
Route du Rhin
Steingruben
Stockstucke
176
Modschel
Hack
176
Hinter-
gruen
Herrenmuhl
Soelgel
Fme
Rosen-
weier-
hof
177
Groesse
Soelgel
Mais. Forest.
de Kohlolz
177
Haffen-
Mühlbach
Brunnenwasser
Parc
Automobile
Foret Communale
Faschinenkopf
de Marckolsheim
Mais. Forest.
de Mackenheim
Wyler
Rheinwald
de Mackenheim
175
Ruhbogen
Steinriengiessen
Rau
Forêt Dom. de Schœnau
Rhein
Le Rhin
80
Grand Canal d' Alsace
189
F. Dom.
de
D424
Rheinblick
Kelt. Wall
NSG
Limberg
272
Am Rhein
Ruine
Limburg
Lützelberg
Leopolds-
insel
178
Burggrien
WSC Breisgau
Unterwald
Toter
Mann
Entengrund
Ober-
wald
Setzlig
Wyhler
Mühle
Rheinstraße
Rotten
Ruhwald
Wyhl
am Kaiserstuhl
175
Heimatmuseum
Bannau
Reckholder
Rheinmatten
Hohrain
Wyhler
Baggersee
Sasbacher Weg
Wyhler-
tal
Buck-
äcker
Rheinweg
Hirsch-
länder
Lehweg
Spitz
Lussbühl
Schorpfad
Weißdorn
Dielten
Bannweg
Mittelweg
Schollecknof
Osterlangen
Sasbach
am Kaiserstuhl
181
KÖNIG-
SCHAFFHAUSEN

Genuss im Naturgarten Kaiserstuhl

Saasenheim
Schœnau
Weisweil
Rheinhausen
170
Oberhausen
170
Niederhausen
Kuhweid
Erzbuhl
l'Ischert Rau
Casemate
eiligenmattfeld
Chât. dèau
Steinacker
Sandbreit
171
F. Comm
de
Schœnau
Gansauel
l'Aue
F. Comm
Grossgruen
D'Artolsheim
Foret Domaniale
Kaelberkopf
le Saulach Rau
Dom. de Schœnau
le Mühlbach
F. Dom.
de
Schœnau
Grand Canal d'Alsace
Wachholderrheingrund
Hanflangrund
Le Rhin
Rhein
Stauwehr
Rhinau
Zollgrund
Langer Weg
Altrhein
Rhein-
wald
Großkopf
Dreherskopf
Oberer
Großkopf
Unter-
wald
174
Grienwasser
Welschwert
Mühlbach
Neugrund
Judenkopf
NSG
Enge
Moosmichelskopf
Stückergraben
Brenntstand
Leopoldskanal
Mühlbach
Grütt
Hohnau
Fahrt
Untere
Mühle
Flut
Ziegel-
hof
Hofmuseum & Café
Wasserwerk
Heumög
Kriegacker
Brennten-
schlag
Bechtaler
170
Oberwald
Wald
Heidewald
Kläranalge
Handal
Oh
Unterer Ruhsand
Krammekehl
Fisch-
weiher
Ulrichs-
kapelle
S'Dirlis
Fischerstube
Rheingasse
Wäsch-
grien
Hafenähre
Innerer Rennweg
Äußerer Rennweg
Birken-
feld
Solar-
park
Kieswerk
Große Heide
Verkehrs-
übungs-
platz
Laubeck
Köpfle
Seehof
Johanniter-
NSG
wald
Pfadacker
NSG
Elzwiesen
Rüttele
90
85
7
6
P

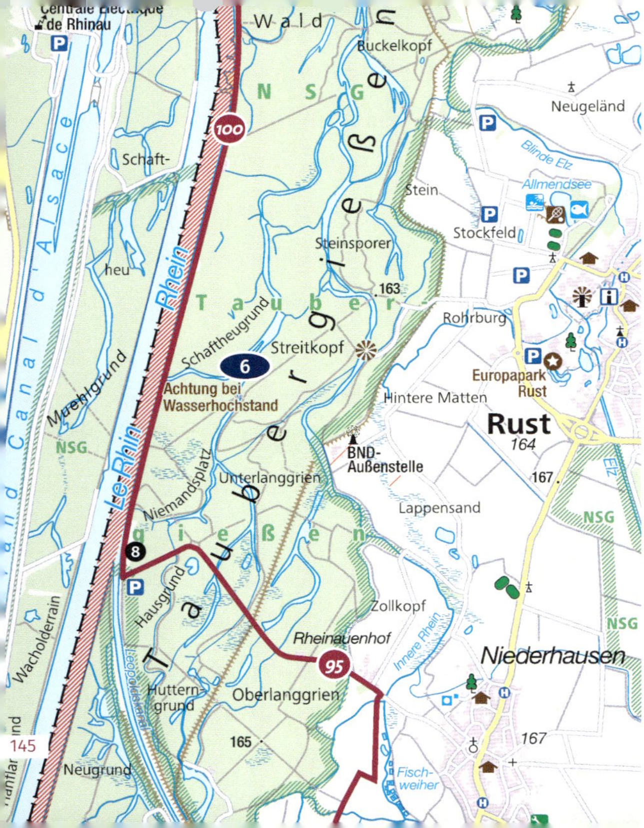

unter der Rheinbrücke hindurch → auf Radweg dem Fluss entlang → vorbei an Abzweigung nach **Wyhl** → vorbei an Abzweigung nach **Weisweil** →

6 scharf rechts abbiegen → auf *Rheinstraße* → vor **Weisweil** nach links auf *Großgrundallee* → kurz rechts auf Balzersweg → gleich wieder links → vor dem Leopoldskanal rechts →

7 links Leopoldskanal überqueren → auf Hauptstraße nach **Rheinhausen**, Ortsteil **Oberhausen** → links in *Rheingasse* → rechts *Zollkopf* → links auf *Rheinstraße* →

8 rechts wieder auf Radweg am Rhein entlang → **Naturschutzgebiet Taubergießen** →

geradeaus dem Rheinufer entlang →

Bootsfahrt im Naturschutzgebiet Taubergießen

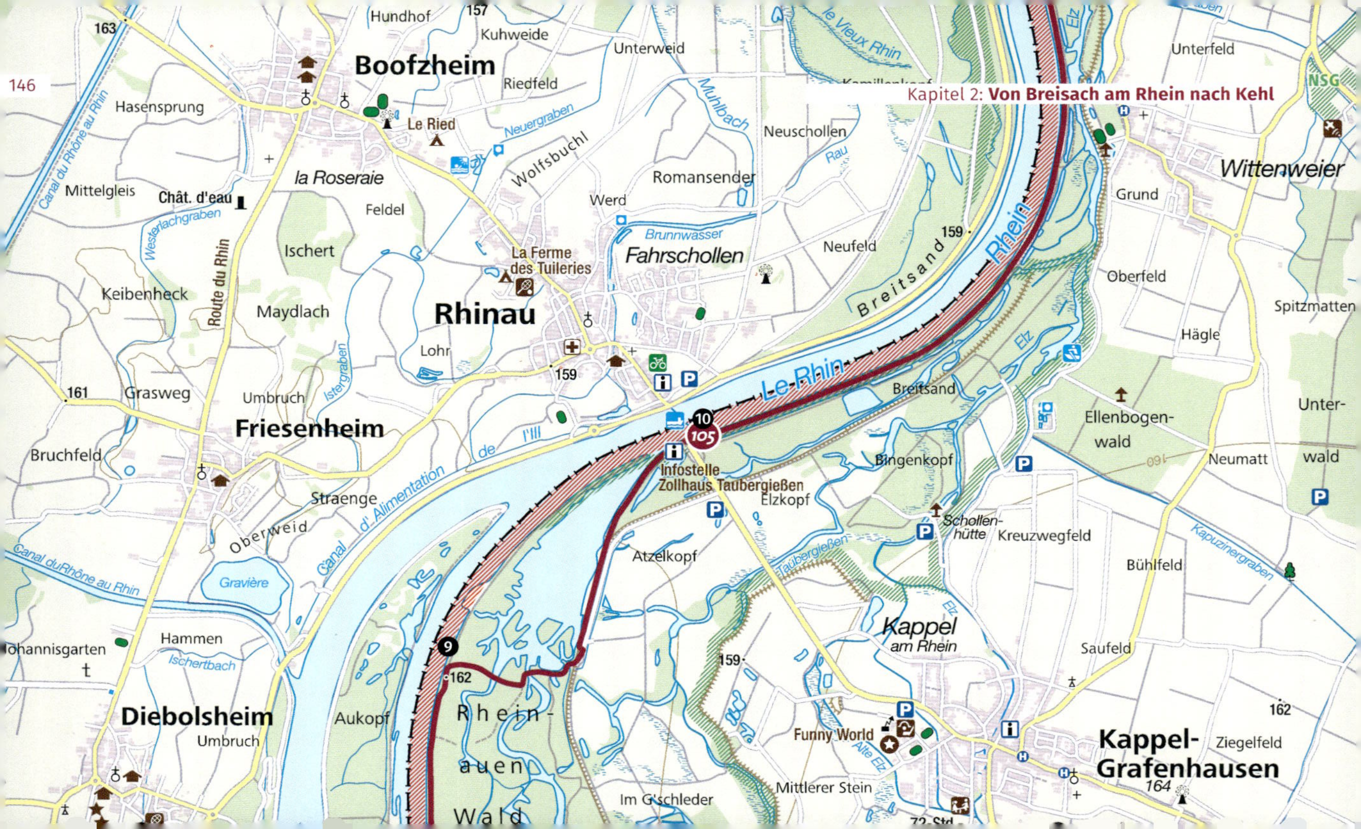
Boofzheim
Rhinau
Friesenheim
Diebolsheim
Wittenweier
Kappel am Rhein
Kappel-Grafenhausen
Hundhof
Kuhweide
Riedfeld
Le Ried
Hasensprung
Mittelgleis
Châț. d'eau
la Roseraie
Feldel
Ischert
Keibenheck
Maydlach
Route du Rhin
Westerlachgraben
Canal du Rhône au Rhin
Neuergraben
Wolfsbuchl
Unterweid
Muhlbach
Neuschollen
Romansender
Werd
Brunnwasser
Fahrschollen
Neufeld
La Ferme des Tuileries
Lohr
Umbruch
Istergraben
Grasweg
Bruchfeld
Straenge
Oberweid
Gravière
Canal d'Alimentation de l'Ill
Hammen
Ischertbach
Johannisgarten
Umbruch
Aukopf
Rheinauen Wald
Le Rhin
Rhein
Breitsand
le Vieux Rhin
Elz
Infostelle Zollhaus Taubergießen
Elzkopf
Atzelkopf
Bingenkopf
Schollenhütte
Kreuzwegfeld
Taubergießen
Im G'schleder
Mittlerer Stein
Funny World
Alte Elz
Ellenbogenwald
Unterwald
Neumatt
Oberfeld
Grund
Unterfeld
Spitzmatten
Hägle
Bühlfeld
Kapuzinergraben
Saufeld
Ziegelfeld
NSG
163
157
159
161
162
164
10
105
9

9 im Rheinauenwald scharf rechts zur Umrundung des Gewässers → Linksbogen → weiter auf Rheindamm → vorbei an Abzweigung nach Kappel-Grafenhausen →

10 **Rheinfähre Rhinau–Kappel** → geradeaus am rechten Rheinufer auf Dammweg weiter

11 bei Fußballplatz vorbei an Abzweigung nach **Nonnenweiher** →

12 Brücke zum **Kraftwerk Gerstheim** →

Schlenker zum Museum Würth France Erstein (15 km)

3 über die Brücke → rechts am *Grand Canal d'Alsace* entlang → links über Brücke *Kraftwerk Gerstheim* → geradeaus auf *Rue de Rome* → im Kreisverkehr links auf *Route de Rhin* → im Kreisverkehr rechts weiter der Straße *Route de Rhin* folgend → über den *Canal du Rhône au Rhin* und danach den *Canal de l´Ill* → im Kreisverkehr geradeaus (*Route du Rhin*) → über den Fluss Ill → *Rue de Général de Gaulle* bis zum

4 **Porte de l´Obertor** → geradeaus und parallel der *Avenue de la Gare* → nun durch 4 Kreisverkehre auf parallel verlaufendem Rad-Fuß-Weg: 1) erster Ausfahrt folgen; 2) zweiter Ausfahrt folgen; 3) zweiter Ausfahrt folgen; 4) zweiter Ausfahrt folgen und auf der *Rue Georges Besse in Richtung Süden* → im Kreisverkehr geradeaus und nach etwa 500 m rechts zum **Musée Würth, Erstein**

Rückweg wie Hinweg.

→ weiter rechtsrheinisch

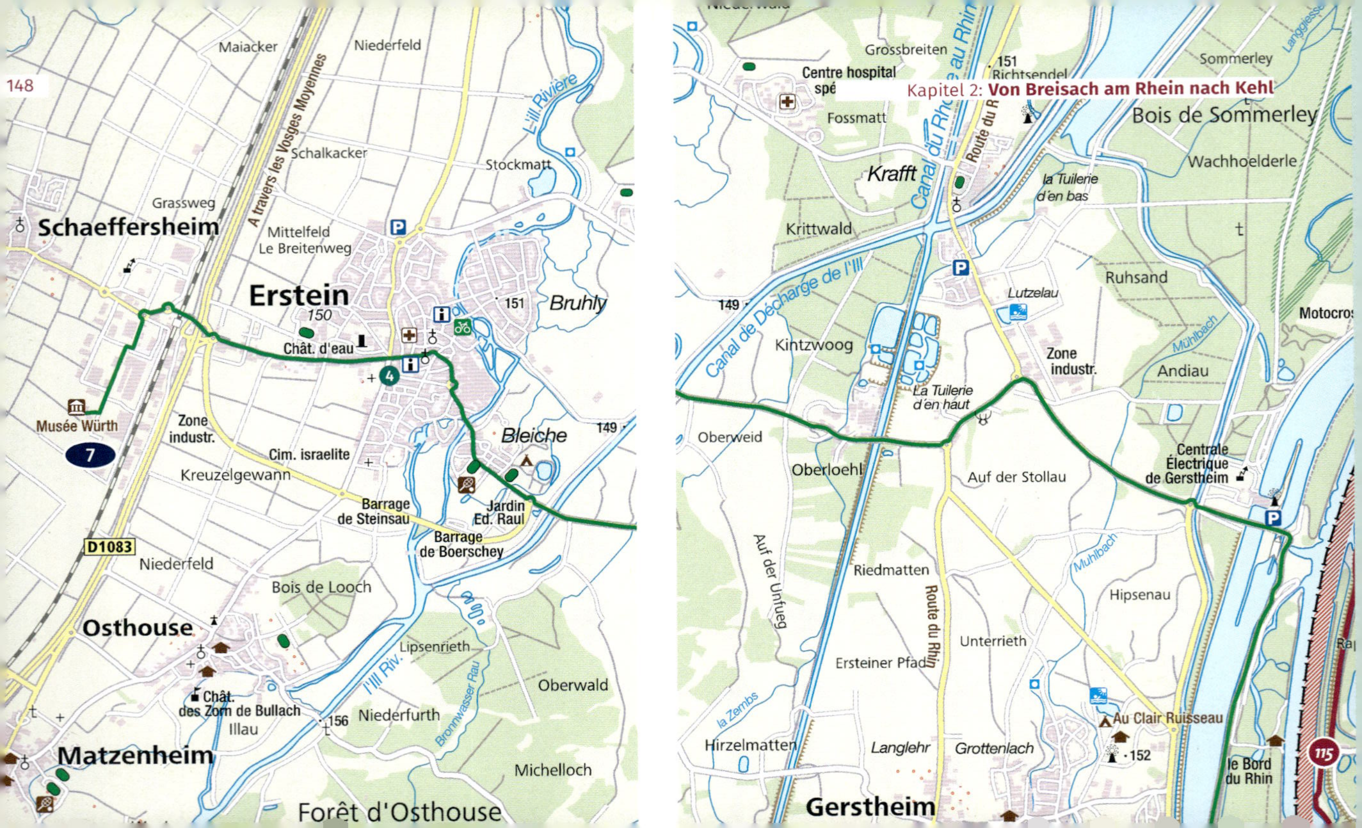
Maiacker
Niederfeld
Schalkacker
Stockmatt
L'Ill Rivière
A travers les Vosges Moyennes
Grassweg
Schaeffersheim
Mittelfeld
Le Breitenweg
Erstein
150
151
Bruhly
Chât. d'eau
4
Musée Würth
7
Zone industr.
Cim. israelite
Bleiche
149
Kreuzelgewann
Barrage de Steinsau
Jardin Ed. Raul
Barrage de Boerschey
D1083
Niederfeld
Bois de Looch
Osthouse
Lipsenrieth
L'Ill Riv.
Oberwald
Chât. des Zorn de Bullach
Illau
156
Niederfurth
Bronnwasser Rau
Matzenheim
Michelloch
Forêt d'Osthouse
Grossbreiten
Centre hospital spé
151
Richtsendel
Fossmatt
Canal du Rhône au Rhin
Route du Rhin
Bois de Sommerley
Sommerley
Wachhoelderle
Krafft
la Tuilerie d'en bas
Krittwald
Ruhsand
Lutzelau
149
Canal de Décharge de l'Ill
Motocros
Kintzwoog
Mühlbach
Zone industr.
Andiau
La Tuilerie d'en haut
Oberweid
Oberloehl
Auf der Stollau
Centrale Électrique de Gerstheim
Auf der Unfueg
Riedmatten
Route du Rhin
Mühlbach
Hipsenau
Unterrieth
Ersteiner Pfad
Au Clair Ruisseau
la Zembs
Hirzelmatten
Langlehr
Grottenlach
152
le Bord du Rhin
115
Gerstheim

Park des Musée Würth

Ramschlag
Canal du Rhône au Rhin
151
Richtsendel
Route du Rhin
Sommerley
Langgiessen
Bois de Sommerley
Wachhoelderle
Kalter Giessen
Rés. Nat. de la Forêt d'Erstein
la Tuilerie d'en bas
Krafft
Ruhsand
Lutzelau
Motocross
Zone industr.
Andiau
Mühlbach
La Tuilerie d'en haut
Auf der Stollau
Centrale Électrique de Gerstheim
Hipsenau
Unterrieth
Route du Rhin
Au Clair Ruisseau
14
120
13
Kies
Oberer Durchstich
Schützenkopf
NSG
Thomasschollen
Lachenschollen
Rappenkopf
Salmengrund
147
Riedmatten
NSG
Schanzfeld
Schafgrün
Riedhof
Riedsträng
Ried
Grün
Wahlstatt
Ottenheim
Burrmatten
Fürtwald
Ichenheim
Oberfeld
Wiederfeld
Im unteren Wald
Breitenlohr
Geißwinkel
Heidengrab
Hubmattenweg
Meißenheim
148
Muckental
Langenhag
Weierlache
Lägerbosch
Muckental
Matschel
Oberwald
Hub
Hargarten
Roland-Spinoli Hütte
Heiden
Geroldsecker Wald
Kürzell

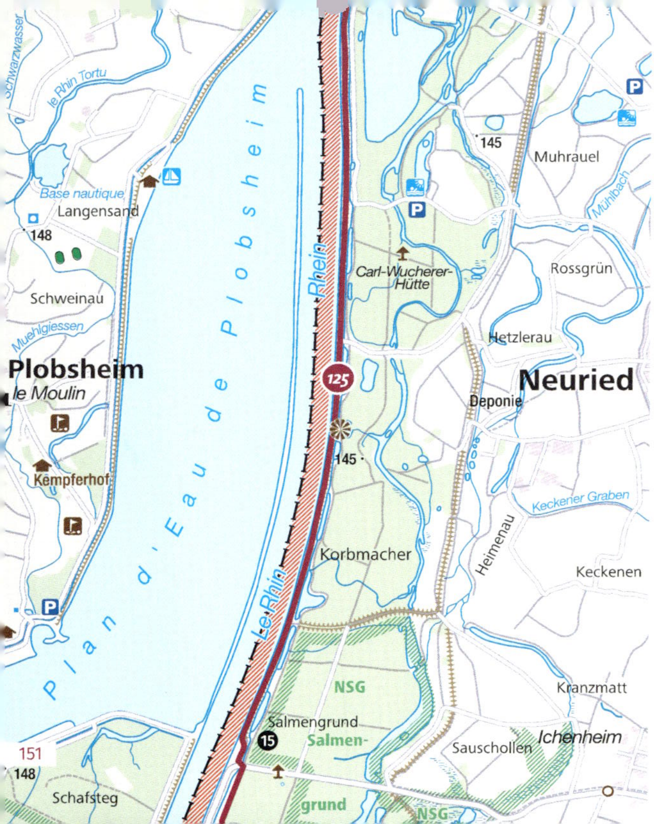

→vorbei an Abzweigung nach **Schwanau-Ottenheim** → Naturschutzgebiet Thomasschollen →

⓮ an der Kiesgrube scharf rechts → gleich wieder links durch das Betriebsgelände → vorbei an der Abzweigung nach **Ichenheim** links wieder zum Rheindamm → Naturschutzgebiet Salmengrund →

⓯ rechts dem Rhein folgend, parallel zum der Plan d'Eau de Plobsheim

Passerelle de deux rives, Kehl

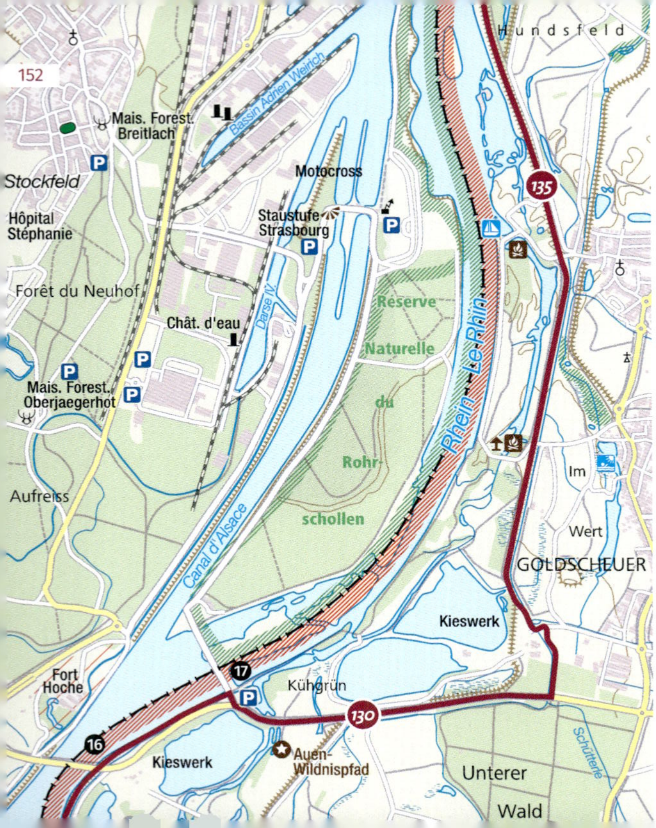

16 am Ende des Plan d'Eau de Plobsheim vorbei an Pierre-Pflimlin-Brücke →

17 auf Höhe der Staumauer bzw. Europäisches Forum am Rhein rechts → Kieswerk umrunden → an Abzweigung nach **Goldscheuer** vorbei → an Abzweigung nach **Marlen** vorbei → weiter entlang direkt am Rhein →

18 nach Wehranlage rechts → Bach überqueren → *Kronenhofstraße* → *Rheindammstraße* → Campingplatz Kehl → *Ludwig-Trick-Straße* →

19 *Passerelle des Deux Rives* → rechts auf *Großherzog-Friedrich-Straße* → Zentrum von **Kehl**

Schlenker Strasbourg Zentrum „Place de la Cathédrale“ (6 km):

5 links über *Passerelle des Deux Rives* → *Cours du Soleil* → *Rue de Chalon-sur-Saône* → links in Bogen Unterführung der Eisenbahngleise → links über *Pont Vauban* → *Avenue du Rhin* → rechts auf *Rue Alfred Kastler* → *Pont du Danube* → links *Quai des Alpes* → rechts auf *Route de la Brigade Alsace-Lorraine* → *Rue des Boeufs* → rechts *Rue des Bouchers* → *Pont du Corbeau* → *Rue du Vieux-Marché-aux-Poissons* → rechts auf *Rue Mercière* →

6 **Strasbourg, Zentrum.** Rückweg wie Hinweg.

Kapitel 3: **Von Kehl nach Neuburgweier**

Start

❶ **Start** am *Marktplatz* **Kehl** → Beschilderung „Auenheim“ → hinter Verwaltungshochschule links auf Radweg → bis zur Bundesstraße → nach rechts →

❷ an Kinzig nach links unter Brücke hindurch → an Kinzig entlang → Eisenbahnbrücke und Straßenbrücke unterqueren →

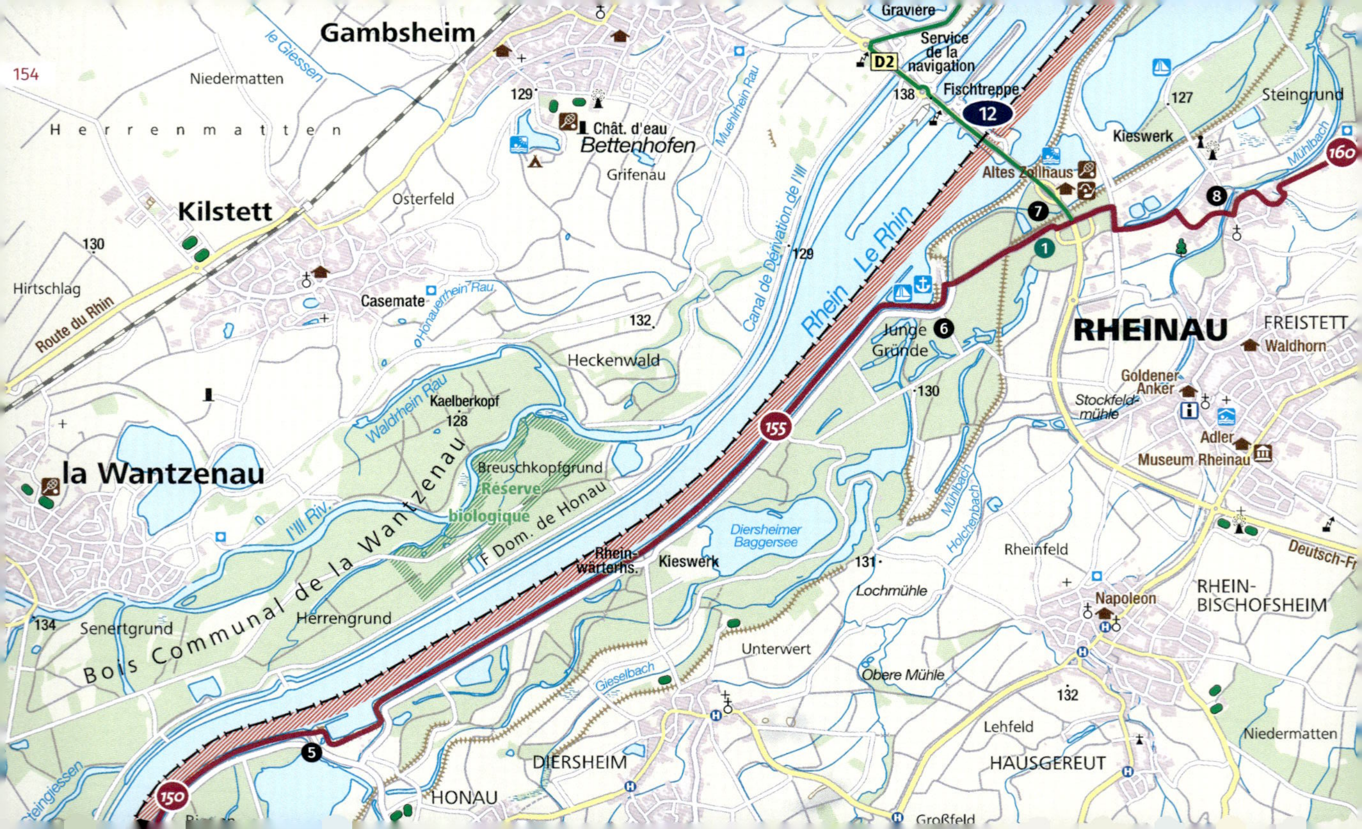
Gambsheim
Kilstett
la Wantzenau
RHEINAU
FREISTETT
RHEIN-
BISCHOFSHEIM
HAUSGEREUT
DIERSHEIM
HONAU
Niedermatten
Herrenmatten
Hirtschlag
Route du Rhin
le Giessen
Osterfeld
Casemate
Honauerrhein Rau
Châtt. d'eau
Bettenhofen
Grifenau
Muehlrhein Rau
Canal de Dérivation de l'Ill
Rhein
Le Rhin
Gravière
Service
de la
navigation
D2
Fischtreppe
12
Altes Zollhaus
Kieswerk
Steingrund
Mühlbach
160
155
150
Junge
Gründe
Goldener
Anker
Stockfeld-
mühle
Waldhorn
Adler
Museum Rheinau
Heckenwald
Kaelberkopf
Waldrhein Rau
Breuschkopfgrund
Réserve
biologique
F Dom. de Honau
Bois Communal de la Wantzenau
l'Ill Riv.
Senertgrund
Herrengrund
Rhein-
wärterhs.
Diersheimer
Baggersee
Holchenbach
Rheinfeld
Lochmühle
Napoleon
Unterwert
Obere Mühle
Gieselbach
Lehfeld
Großfeld
Deutsch-Fr
127
129
130
131
132
134
138
128
1
5
6
7
8

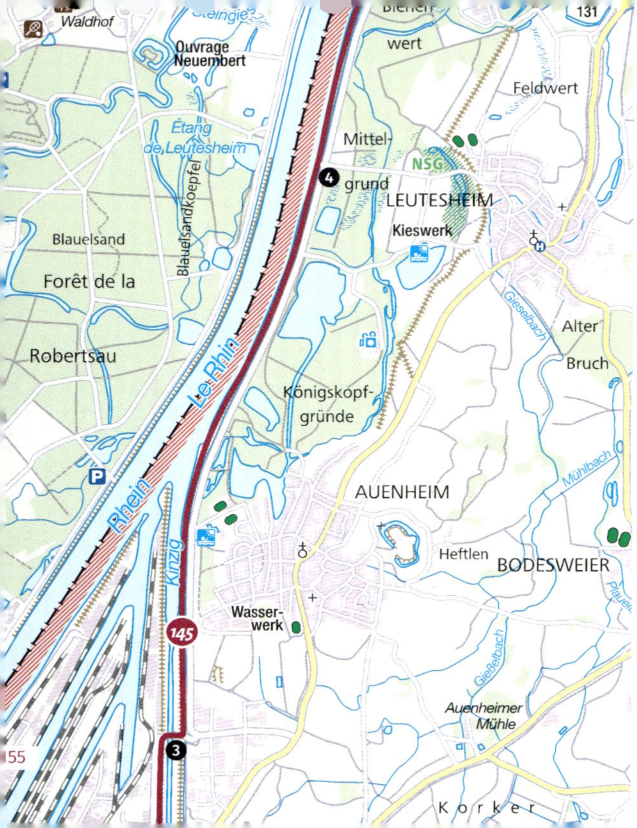

❸ am Hafengebiet (links) Kinzig nach rechts überqueren → gleich wieder links auf asphaltiertem Dammweg → vorbei an Abzweigung nach **Auenheim** → Schwimmbad →

❹ vorbei an Abzweigung nach **Leutesheim** →

❺ Hafengebiet rechts umfahren →

❻ am nächsten Hafengebiet (nach rund 2 km) rechts → Brücke rechts über Bach → auf *Werftstraße bis zur Straße nach Freistett* →

❼ links zur Staustufe Gambsheim mit Fischtreppe → retour

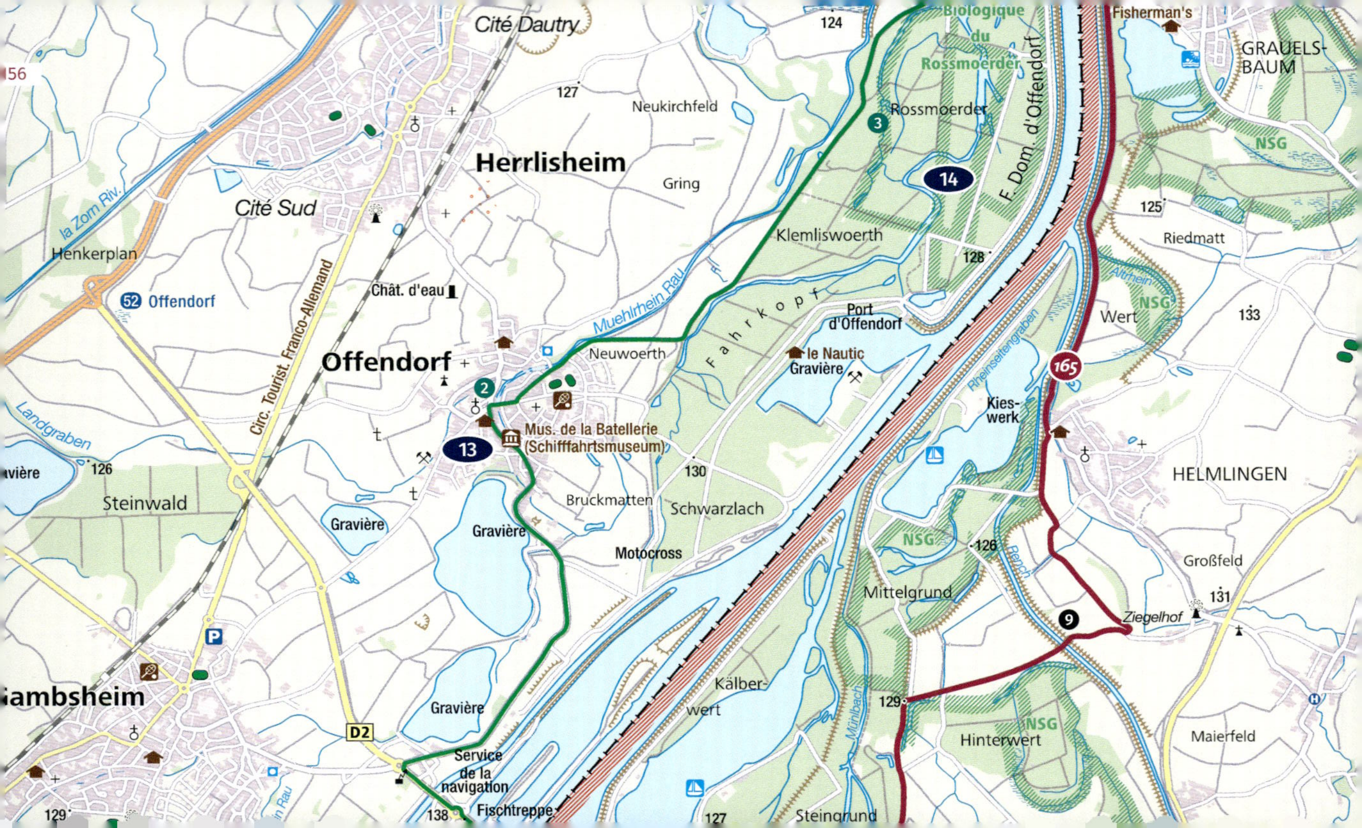

Cité Dautry
124
Biologique
du
Rossmoerder
Fisherman's
GRAUELS-
BAUM
127
Neukirchfeld
Rossmoerder
F. Dom. d'Offendorf
NSG
Herrlisheim
Gring
14
125
Cité Sud
la Zorn Riv.
Henkerplan
Klemliswoerth
Riedmatt
128
Altrhein
NSG
52 Offendorf
Circ. Tourist. Franco-Allemand
Chât. d'eau
Muehlrhein Rau
Fahrkopf
Port
d'Offendorf
Wert
133
Offendorf
Neuwoerth
le Nautic
Gravière
Rheinseitengraben
165
Kies-
werk
Mus. de la Batellerie
(Schifffahrtsmuseum)
13
Landgraben
126
Steinwald
130
HELMLINGEN
Bruckmatten
Schwarzlach
Gravière
Gravière
NSG
126
Motocross
Großfeld
Rench
Mittelgrund
131
Ziegelhof
9
Gambsheim
Kälber-
wert
129
Mühlbach
NSG
Gravière
D2
Hinterwert
Maierfeld
Service
de la
navigation
138
Fischtreppe
127
Steingrund
129

Schlenker zu Musée de la Batellerie und Réserve naturelle nationale de la forêt d'Offendorf (15 km):

1 Rhein überqueren → rechts auf *Route de l'Ill* → *Rue du Rhin* → zwei Baggerseen passieren bis Siedlungsbeginn von Offendorf → *Rue du Rhin weiter folgen* →

2 rechts in die Rue des Mariniers und über die Brücke über den Muehlrhein → links → **Musée de la Batellerie (Museumsschiff)** → weiter auf der Straße *Quai des Batelliers* → rechts auf *Rue de Cimetière* → links auf *Rue de L Hôpital* → *Quai du Muehlrhein* → am Ende der Straße weiter geradeaus auf nicht asphaltiertem Weg → am Ende der Siedlung halb rechts halten durch Felder in Richtung Wald und Naturschutzgebiet

3 **Forêt d'Offendorf** →

4 Rheinfähre Greffern–Drusenheim →

7 hinter der Staustufe links, durch **Freistett** Richtung Helmlingen → nach Industriegelände rechts → links →

8 Mühlbach überqueren →

9 Rench überqueren → an Weggabelung links Richtung Iffezheim und Helmlingen → links an **Helmlingen** vorüber → auf Damm zum Rhein und auf Dammweg →

10 Fähre Greffern-Drusenheim →

11 Hafen Motoryachtclub Greffern umrunden →

Wachholderschluth
Allmendfeld
Fischtreppe
Köpfel
Rheinstüble
13
Route du Rhin
Kirchwerb
B i l z
Rœschwoog
Oktorfeld
stillgelegt
Chât. d'eau
Neuhaeusel
Fme-auberge
Iffezheim
500
185
RHEIN
LE RHIN
118
Roeder
117
Krummling
Auenheim
Grosskirchgut
Insel-
grund
Jaegerkopf
Jägerkopf
Goldgrube
Sandbach
Mittelkopf
la-Moder Riv
Schansonsfeld
Rheinseitengraben
Altrheinzug
Rheinniederungskanal
Wert
123
Hohes Hamm
Fort Carré
Unterwald
116
Gravière
Fort-Louis
119
le Hasenkopf
acker
Ferme
des Peupliers
Hotel
Waldhaus
125
Port
de Fort-Louis II
Wölbäcker
Gravière
Hügelsheim
121
Hart-
wald
Heiligenbuck
120
Port
de Fort-Louis I
126
122
Badische Spargelstr.
Niederfeld
Hochfeldsiedlung
Graben
180
Kieswerk
12
Schützenhaus
Schwarzer
Flughafen Karlsruhe/

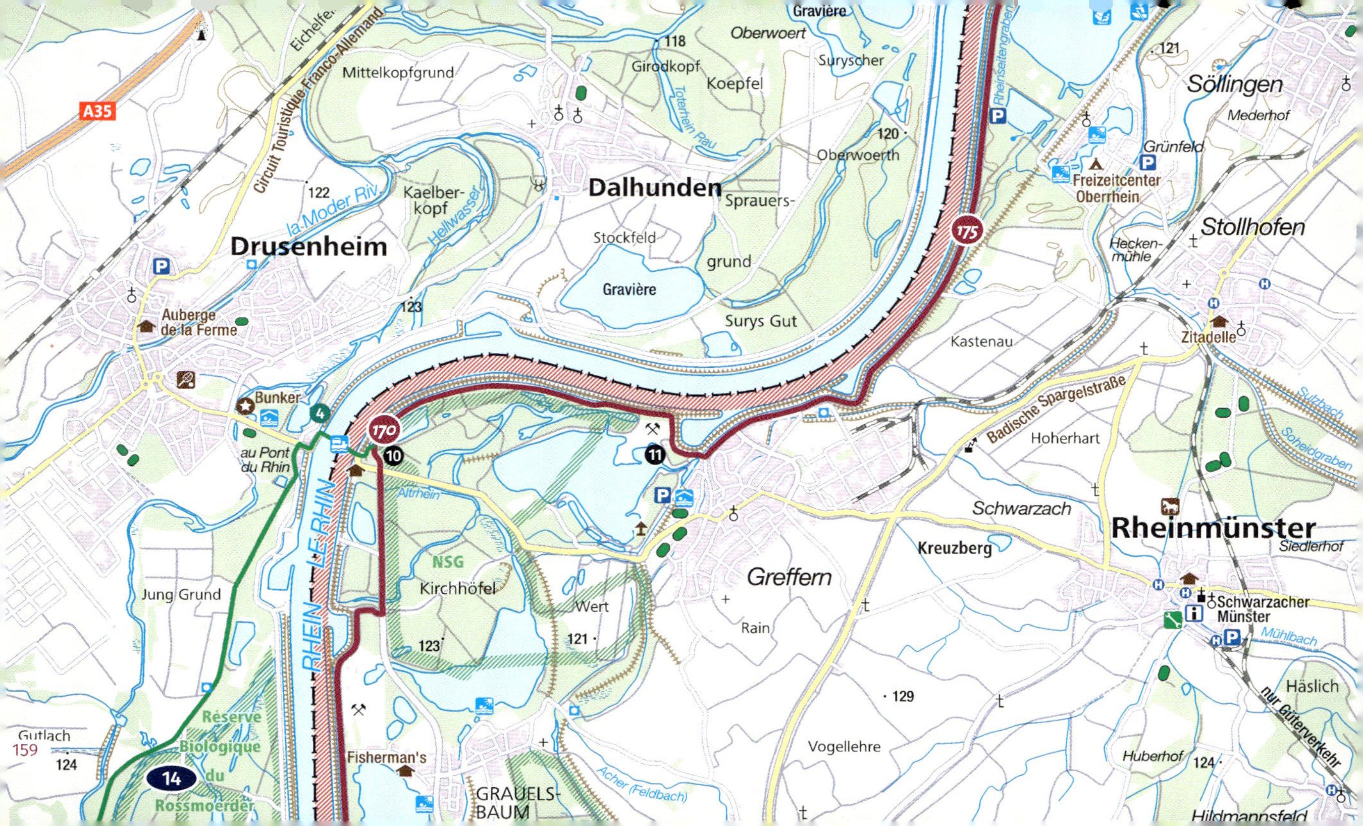

A35
Eichelfeld
Circuit Touristique Franco-Allemand
Mittelkopfgrund
118
Girodkopf
Koepfel
Oberwoert
Gravière
Suryscher
Toterhein Pau
120
Oberwoerth
Dalhunden
Sprauers-
grund
Stockfeld
Gravière
Surys Gut
Kaelber-
kopf
Hellwasser
la-Moder Riv.
122
Drusenheim
123
Auberge
de la Ferme
Bunker
4
au Pont
du Rhin
RHEIN
LE RHIN
170
10
11
Altrhein
NSG
Kirchhöfel
Wert
123
121
Jung Grund
Réserve
Biologique
du
Rossmoerder
14
Gutlach
124
Fisherman's
GRAUELS-
BAUM
Acher (Feldbach)
175
Rheinseitengraben
Freizeitcenter
Oberrhein
Grünfeld
121
Söllingen
Mederhof
Hecken-
mühle
Stollhofen
Zitadelle
Kastenau
Badische Spargelstraße
Hoherhart
Sulzbach
Scheidgraben
Schwarzach
Kreuzberg
Rheinmünster
Siedlerhof
Greffern
Rain
Schwarzacher
Münster
Mühlbach
Häslich
129
Vogellehre
Huberhof
124
nur Güterverkehr
Hildmannsfeld

PLITTERSDORF
RHEINAU
RASTATT
OTTERSDORF
WINTERSDORF
NIEDERBÜHL
Beinheim
Rastatter Rheinaue
NSG
Rheinwärterhaus
Tellergrund
Unterbusch
Oberwald
Niederwald
Hohallmend
Seefeld
Rang
Rheinauer
Feld
Deist
Großfeld
Fließweg
Ried-museum
Ruten
Grünfeld
Stock-
stücker
Spieß
Arnau
O b e r w a l d
Mühlwerlgraben
Rastatter Ried
Rheinfeld
Bruchwiesen
Kolben-garten
Galerie
Residenzschloss
Wehr-geschichtliches Mus.
Pagodenburg
Poseidon
ALOHRA
Münchfeld-see
Bouleanlage
Rohn
Hurst
im Bau
U c h t w e i d
Riedkanal
stillgelegt
Hardt Spiel
Pfaffenwerr
Jagen
Bai
Schafköpfel
Solarpark
Bannwald
Aalschokker
Hüttenkopf
RHEIN LE RHIN
Aspenkopf
Gravière
Point d'observation colonie de héron cendré (Beobachtungspunkt Graureiherkolonie)
Kohlgraben
Greuil
Staustufe Iffezheim
190
111
112
113
114
116
123
126

Residenzschloss Rastatt

⓬ Kriegersee → auf Dammweg weiter →

⓭ **Staustufe Iffezheim** → an der Straße rechts über zwei Brücken → scharf rechts abbiegen und Brücke unterqueren → am Wasser entlang bis zur Unterbrechung des Damms → links Richtung Au →

Schlenker zum Residenzschloss Rastatt (13 km)

❻ vor Rheinbrücke Wintersdorf rechts → entlang Solarpark unterhalb der Straße → kurz auf Fahrstraße bis Kreisverkehr →

❼ am Kreisverkehr links (dritte Ausfahrt) → auf *Dorfstraße* durch **Wintersdorf** → rechts weiter auf *Dorfstraße* → vor dem Friedhof rechts in *Aalstraße* und sofort links auf für KFZ gesperrtes Sträßchen → parallel zur Hauptstraße bis

❽ **Ottersdorf** → beim Siedlungsbeginn und der Grundschule weiter auf der Hauptstraße/Wilhelmstraße → vor dem Rathaus rechts in die Friedrichstraße → am Ortsende rechts in Waldstraße und sofort links parallel zur Fahrstraße → Mercedeswerk → Ottersdorfer Straße → Brücke über die Murg → Fußgängerzone **Rastatt** →

❾ **Residenzschloss Rastatt** → wieder auf Rheinradroute über *Herrenstraße* → *Zeughausstraße* → *Steinmauerner Straße* entlang der Murg (Fluss) nach Norden → weiter auf Hauptroute ab **Steinmauern** ⓰

⓮ Rheinbrücke Wintersdorf unterqueren → Dammweg →

Mittelberg
Harzofen
172
Glockenfeld
161
Hohenrhein
Viertel
162
Frechtberg
124
Mothern
Munchhausen
112
125
111
114
Au Rhin et à la Sauer
Felsengrund
Route du Rhin
151
Wolfaecker
Schaffhouse-
près-Seltz
58
A35
124
Grosswoerth
16
NSG
la Sauer-Riv.
Bois de
Munchhausen
Gravière
Hubenwiesenkoepfel
Rhein - Le Rhin
123
120
Seltz
Chât. d'eau
Haus
Krumacker
Gravière
116
Centre de plein air
(Freizeitzentrum)
Salmengrund
114
10
Seilfähre
Im Binsenfeld
Altrhein
112
113
Kieswerk
115
111
195
Murg
Kieswerk
Bagger-
see
Kieswerk
Elchesheim-
Illingen
Elchesheim
Alter Wald
Bruchwald
Heckenstücker
111
Eich-
feld
112
200
Stein-
mauern
113
Flößerei-
museum
Altmurgraben
NSG
116
16
Brufert
Puttersdorf

Beutelmeise im Vogelnest

Lohnenswerter Schlenker in das Delta de la Sauer

⑩ Seilfähre Plittersdorf–Seltz → rechts auf Rue *Annexe du Rhin* → zwischen den beiden Baggerseen hindurch → **Delta de la Sauer** →
retour

⑮ **Plittersdorf** in Rechtsbogen umrunden → zunächst am Damm → *Lange Straße* → vorbei an Feldern → über Bach → rechts bis zur Straße → links

⑯ Murgbrücke bei **Steinmauern** (hier stößt Variante aus Rastatt dazu) → auf Naturdammweg der Murg entlang → vor Baggersee rechts → vorbei an Elchesheim-Illingen →

⑰ auf Asphaltsträßchen hinter **Illingen** rechts →später zum Damm →

⑱ Sportplatz bei **Au** → Dammweg → rechts auf Straße nach

⑲ **Neuburgweier/Ziel**

Berg (Pfalz) 120
Neuburg am Rhein 108
Lauterbourg
RHEINSTETTEN
Durmersheim 119
Würmersheim
Au am Rhein 111
Ludwigsstein
Dörruck
Epplesee
Kastenwört
Bellenkopf
Fermasee
Federbach
Dammfeld-siedlung
NEUBURG-WEIER
MÖRSCH
Start/Ziel
Neue Lauter
Schwarzes Loch
Rotes Loch
Pont de Woerr
la Vieille Lauter Rau
Gravière
F. Dom. de Lauterbourg
Bois de l'Hôpital
Rhein - Le Rhin
Châtr. d'eau
Château d'eau
Port du Rhin
Obere Köpfle
Bremen-grund
Judengasse
Niederwald
Natur-schutz-gebiet
Eisbühl
Oberwald
Kohlkopf
Illinger Altrhein
Meeräcker
St. Antoniuskapelle
Hohbühl
Litzlau
Bulache Eck
Illingen
Bickesheimer
NSG
36
210
205

Staatliche Kunsthalle Karlsruhe

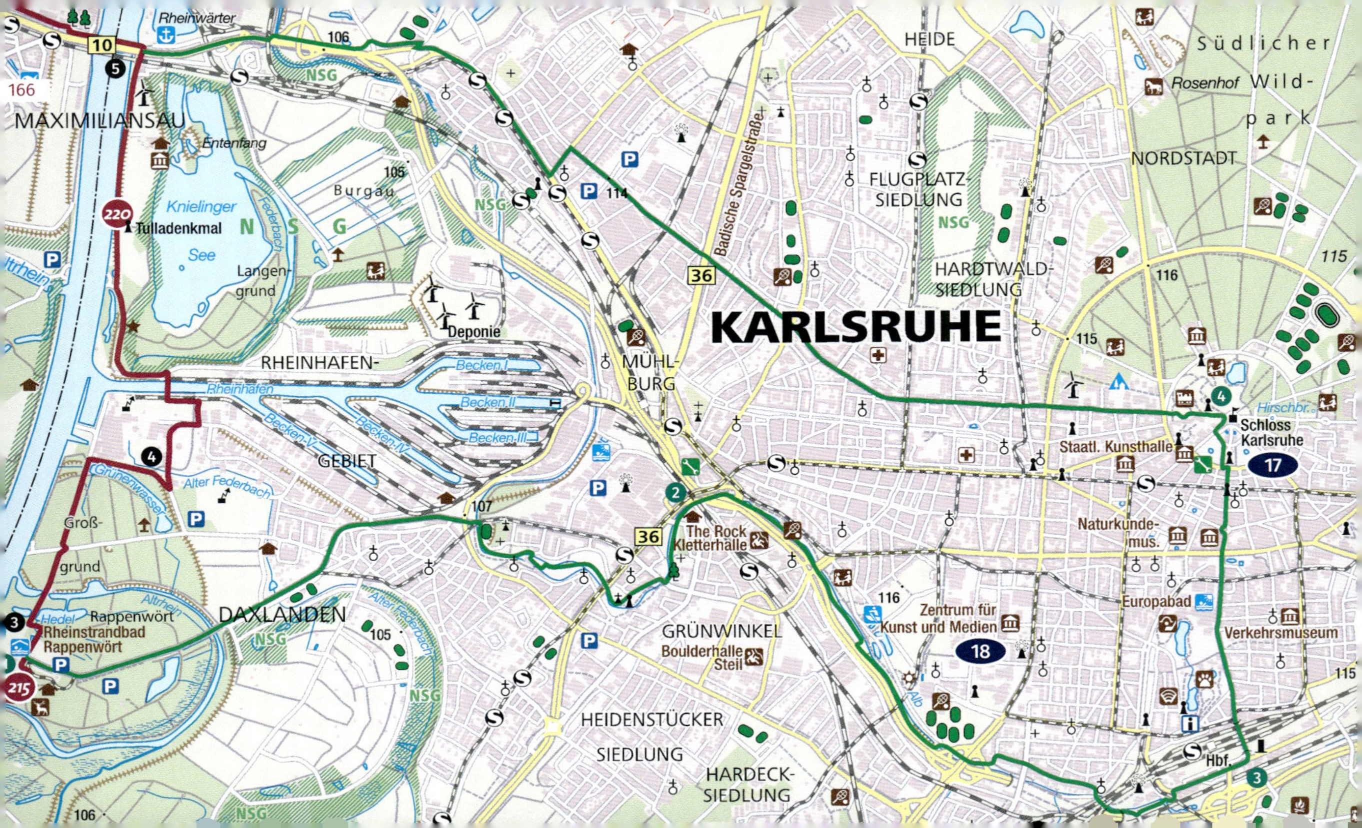
KARLSRUHE
MAXIMILIANSAU
Rheinwärter
Entenfang
Knielinger
See
Tulladenkmal
N S G
Langen-
grund
Burgau
Deponie
RHEINHAFEN-
GEBIET
Rheinhafen
Becken I
Becken II
Becken III
Becken IV
Becken V
Grünenwasser
Alter Federbach
Federbach
Altrhein
Groß-
grund
Hedel
Rappenwört
Rheinstrandbad
Rappenwört
DAXLANDEN
NSG
MÜHL-
BURG
Badische Spargelstraße
HEIDE
FLUGPLATZ-
SIEDLUNG
HARDTWALD-
SIEDLUNG
Südlicher Wild-
park
Rosenhof
NORDSTADT
Schloss
Karlsruhe
Hirschbr.
Staatl. Kunsthalle
Naturkunde-
mus.
Europabad
Verkehrsmuseum
Zentrum für
Kunst und Medien
Hbf.
Alb
The Rock
Kletterhalle
GRÜNWINKEL
Boulderhalle
Steil
HEIDENSTÜCKER
SIEDLUNG
HARDECK-
SIEDLUNG
10
36
106
105
107
114
115
116
2
3
4
5
17
18
215
220

Start

❶ **Start** in **Neuburgweier** → Dammweg →

❷ vorbei an Abzweigung nach **Forchheim/Ettlingen** → Altrheinarm überqueren → Bahngleise →

Abstecher nach Karlsruhe (24 km)

❶ Haltestelle Rappenwört → rechts Richtung **Daxlanden** → Gleise überqueren → auf *Hermann-Schneider-Allee* → *Daxlandner Str.* → dann auf Radweg parallel zur Str. bis

❷ Überquerung der doppelspurigen Rheinhafenstraße → weiter geradeaus → Gleise und Fluss Alb überqueren → rechts auf Radweg etwa 7 km an der Alb entlang (Straßen- und Eisenbahnbrücken unterqueren) bis →

❸ Hauptbahnhof → diesen auf Radweg parallel zur *Ettlinger Straße* unterqueren → weiter geradeaus → Karl-Friedrich-Straße bis →

❹ **Zentrum Karlsruhe / Schloss Karlsruhe** → Schlossplatz überqueren und halb links halten → hinter der Badischen Weinstube bei der Schlossgartenbahn links und geradeaus → Hans-Thoma-Straße überqueren und geradeaus in die *Moltkestraße* → Siemensallee → links in *Sudetenstraße* → rechts *Rheinbrückenstraße* → weiter auf Rheinradweg ab Rheinbrücke Maxau ❺

❸ Rheinstrandbad Rappenwört → vor Kraftwerk der Energie Baden-Württemberg rechts →

❹ links durch Industriegelände → Rheinhafenzufluss über Hafensperrtor überqueren → links → Rheinufer →

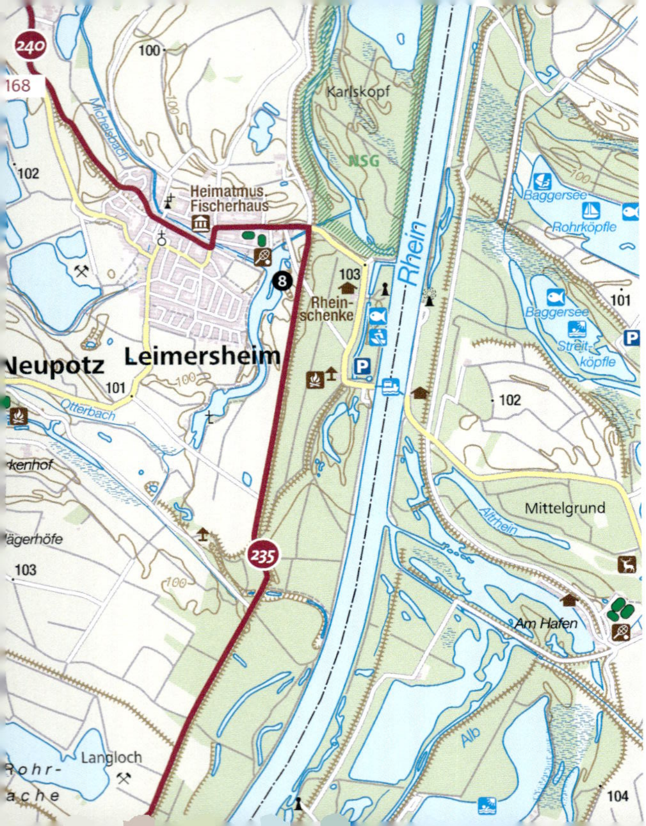

❺ über Rheinbrücke Maxau → kurz steil bergab → an Wegkreuzung rechts Richtung Wörth → Straße queren →

❻ vor **Wörth** rechts → am Ortsrand dem Altrheinarm entlang →

❼ Bundesstraße überqueren → links der Bundesstraße entlang → *Hafenstraße* überqueren → vorbei am Industriegelände → dem Altrhein entlang →

Anglerstege in den Rheinauen

WÖRTH
am Rhein
Rhein
Erdölraffinerie
Raffinerie
Ölhafen
Bodensee
NSG
Hörnel
Hörnel-Altrhein
Oberscherpfer
Scherpfergraben
Oberwald
Altrhein
Landes-
hafen
Wörth
Ritter-
hecke
Rheinanlagen
Automobilwerk
Weibel
Ludwigsau
MAXAU
Rheinwärter
KNIELINGEN
Alb
Heimatmus.
Rheinhof
I.d.alten Stücke
Vorlacherhof
Erlen-
bruch
Scheidwald
Unterm
Schnabel
Schweinheimer
Kirchel
Kehrweg
Bruchallee
Otterbach
Jockgrimer Allee
Fichtenhorst
Heinrich von Zügel-
Gedächtnisgalerie
Wörth-
Dorschberg
Dorsch-
Affelderle
Heilbach
Mühlbach
Wörther Kreuz

8 **Leimersheim** → links → links auf Rheinstraße → Michelsbach überqueren → rechts Radweg nach →

9 **Kuhardt** → *Rülzheimer Straße* → rechts auf *Hördter Straße* →

10 **Hördt** → *Stoppelstraße* → *Schulzenstraße* → rechts in *Wörthstraße* →

11 Sondernheim → nach Rathausplatz links → gleich rechts auf Deich zum Rhein → **Ziegeleimuseum Sondernheim** → auf Radweg dem Rhein entlang → vor der Eisenbahnbrücke links → *Rudolf-von-Habsburg-Straße* →

12 **Germersheim** Zentrum → Eisenbahn parallel zu *Rheinbrückenstraße* unterqueren → *Hafenstraße* → unter B35 hindurch → links auf Rheindeichweg →

13 Bahngleise unterqueren → in Wald → bergauf → vorbei an **Lingenfeld** →

Weissenburger Tor, Germersheim

Bellheim
Am Hördterweg
Häßlichberg
Birkenhof
Trappenberg
Hengstberg
Katharinenhof
Rülzheim
Rindergehäg
Ziegelei
Dieterskirchel
Wappenschmiedmühle
Altbrand
Spiegelbach
Altgraben
NSG
Eichtal
Schanzgraben
Hördt
Klingbach
Klostermühle
In der Lohe
Untermühle
Pfälzerwald-Vereinshütte
Michelsbach
Ober-Waldbach
Ober-wald
Rottenbach
Scheidb
Wasserwerk
Heimatmuseum
Kuhardt
Hundspfot
Sondernhmr. Altrhein
Schleusenhaus
Fischteiche
Herrngrund
Hördter Rotten
Rhein
Sondernheim
Torfwiesen
Weichau
Alt Dettenheim
Baggersee Giesen
Insel Rott
Rheinniederungskanal
Sandlach
Landeplatz Linkenheim
245
250
9
10
11

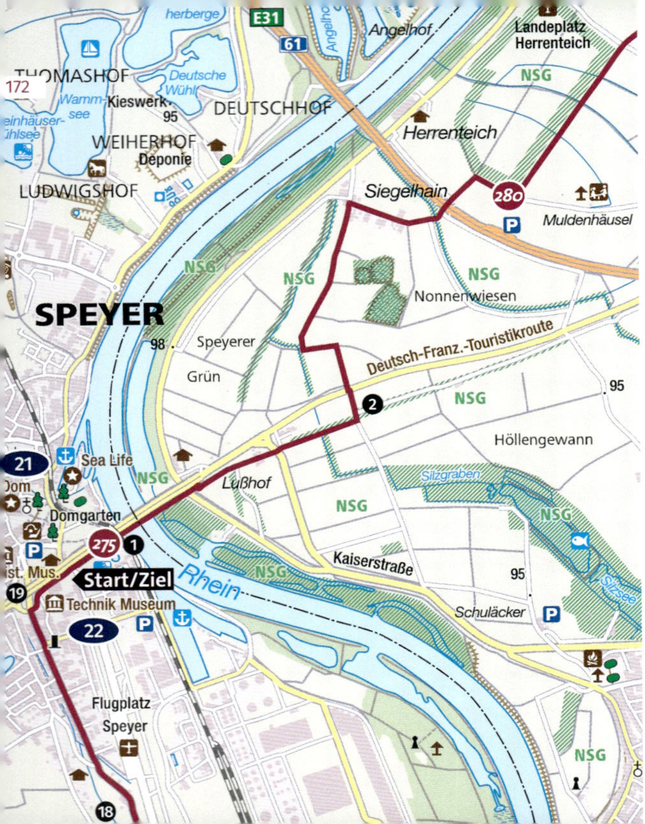

⓮ scharf rechts zum Bahnhof → Bahngleise überqueren → Straße überqueren → parallel zu Straße →

⓯ an Linkskurve der Landesstraße diese überqueren und rechts auf schmales Sträßchen → Badesee → Campingplatz → links →

⓰ **Mechtersheim** → *Speyrer Straße* →

⓱ **Römerberg** → bei Berghausen rechts → scharf links →

⓲ vorbei an Flugplatz → auf Industriestraße →

⓳ **Speyer Zentrum/Ziel**

Start

❶ in **Speyer** auf straßenbegleitendem Radweg über Salierbrücke auf die andere Rheinseite wechseln →

❷ links Radabzweigung Richtung Ketsch → Links-Rechts-Kurve → bei **Siegelhain** rechts → Autobahn unterqueren → nach 100 m scharf rechts → gleich wieder links →

Harthausen
Schänzelberg
Ziegelei
111
109
Unter-
wald
Heiligenstein
Lerchenberg
9
110
115
Römerberg
Dammwachthaus
Deponie
Insel
Flotzgrün
Berghäuser Altrhein
NSG
270
17
117
120
100
122
Spitzhut
103
Dammwachthaus
Mechtersheim
16
Brünnel-
berg
Bründelsberg
Ziegelei
Riedgraben
NSG
97
Insel
Korsika
Rhein
265
15
Kattelbuckel
260
98
Damm-
wachthaus
Rheinschanzinsel
Kernkraftwerk
Philippsburg
97
Nachenfahrten
Lingenfelder Altrhein
Schwarzwald
14
Unterwald
N S G
99
Lingenfeld
Insel
Grün
Mittelhof
Unterhof

Kollerhof
Kieswerk
Brühl
102
Max Ernst Museum
Kolbenstück
SCHWETZINGEN
100
E50
Burgenstr.
535
Heimatmuseum
Plankstadt
Im Forst
Orangerie
Schlossgarten
Schloss Schwetzingen
"bellamar"
23
Am Alsheimer Weg
102
Böllen-
wörth
94
NSG
92
290
Ketscher
N S G
Altrhein
Ketscher
Wald
Rheinwald
95
Holzbrücke
285
Oftersheim
102
Heimatmuseum
291
Hartlache
99
102
Badische Spargelstraße
29
Schwetzingen/ Hockenheim
Ketsch
101
Altrhein
Hohwiesen-see
Kraichbach
Wanderheim
RHEIN
NSG
Hubwiesen
95
Karl-Ludwig-See
97
Landeplatz
39
6
103
E50
Hardtwald-siedlung
124
Schwetzinger
Kosakenbuckel
103

Gartenmoschee von Schloss Schwetzingen

❸ links unterhalb des Damms dem Kraichbach entlang → vorbei am Hohwiesensee → an Vorfahrtsstraße rechts über Kraichbach auf Radweg → **Ketsch** → bei Ketscher Rheininsel rechts des Altrheins entlang

Abstecher zu Schloss Schwetzingen (~10 km)

1 hinter Altrheinbrücke rechts → gleich links auf *Schwetzinger Straße* → Autobahn unterqueren → *Ketscher Landstraße* → links auf *Zähringer Straße*

2 hinter *Bodelschwinghstraße* links über Brücke → links → gleich rechts Allee in Schlossgarten und zu →

3 **Schloss Schwetzingen** →

4 retour den Schlossgarten am nördlichen Ende beim Leimbach verlassen. Dort links auf den Maschinenweg parallel zum Leimbach und der Leimbachroute nach Westen folgen → *Im Forst* passieren → Eisenbahn, Bundesstraße und Autobahn überqueren → rechts parallel zu Leimbach → in **Brühl** links über *Weidweg* zurück zu Rheinradweg →

❹ Bogen nach **Bühl** (dort trifft man vom Schlenker retour von Schloss Schwetzingen wieder hinzu) → scharf links zum Altrhein → (Weiter auf S. 178/179)

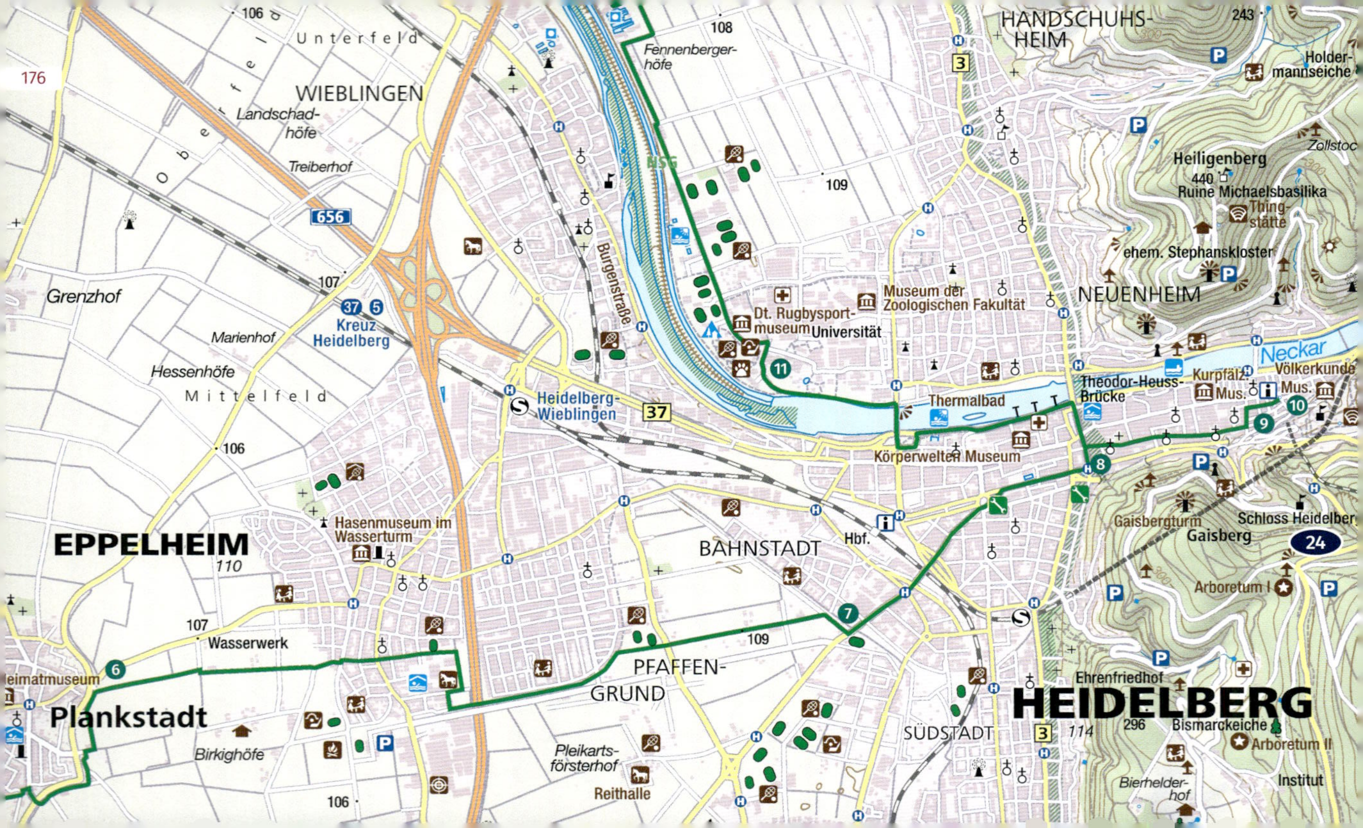
HANDSCHUHS-
HEIM
Holder-
mannseiche
Zollstoc
Heiligenberg
440
Ruine Michaelsbasilika
Thing-
stätte
ehem. Stephanskloster
NEUENHEIM
Neckar
Völkerkunde
Mus.
Kurpfälz.
Mus.
Theodor-Heuss-
Brücke
Thermalbad
Körperwelten Museum
Museum der
Zoologischen Fakultät
Dt. Rugbysport-
museum
Universität
Fennenberger-
höfe
108
109
Unterfeld
WIEBLINGEN
Landschad-
höfe
Treiberhof
Oberfeld
656
107
Grenzhof
37
5
Kreuz
Heidelberg
Marienhof
Hessenhöfe
Mittelfeld
106
Burgenstraße
Heidelberg-
Wieblingen
37
Hasenmuseum im
Wasserturm
EPPELHEIM
110
107
Wasserwerk
eimatmuseum
Plankstadt
Birkighöfe
106
BAHNSTADT
Hbf.
PFAFFEN-
GRUND
109
Pleikarts-
försterhof
Reithalle
SÜDSTADT
HEIDELBERG
3
114
296
Ehrenfriedhof
Bismarckeiche
Arboretum II
Institut
Bierhelder-
hof
Arboretum I
Gaisbergturm
Gaisberg
Schloss Heidelber
24
243
3

Weinlese in Heidelberg

Abstecher nach Heidelberg (~15 km)

3 **Schloss Schwetzingen** → *Carl-Theodor-Straße* → Zuggleise unterqueren → *Kurfürstenstraße* →

5 Bundesstraße unterqueren → am Rande von **Plankstadt** entlang → in Bogen links, rechts, links auf *Alten Heidelberger Weg* → links auf *Bruchhäuser Weg* → Rübäckerweg →

6 rechts auf *Brunnenweg* → *Birkigstraße* → *Richard-Wagner-Straße* → an Eishalle rechts → links *Justus-von-Liebig-Straße* → rechts und gleich links → Autobahn überqueren → *Im Schnepfengrund* → *Steinhofweg* → vor dem Sportplatz rechts

7 links auf *Speyrer Straße* → über *Montpellierbrücke* → der *Ringstraße* entlang → rechts auf *Kurfürstenanlage* → *Adenauer Platz Straße nach links folgen* → Sofienstraße → rechts auf

8 *Plöck* → an der Universitätsbibliothek links in *Grabengasse* →

9 am *Universitätsplatz* rechts auf *Merianstraße* → an Jesuitenkirche rechts auf *Kettengasse* → gleich links auf *Ingrimstraße* → über *Kornmarkt* auf Hauptstraße zum

10 *Karlsplatz* im Zentrum von **Heidelberg**

SCHRIESHEIM
121
Galgbrunnen
Automuseum
102
Ladenburg
35
14
Ilvesheim
99
NSG
Dr. Carl Benz Haus
Leimhütte
Sternwarte
Rosenhof
Neckarplatten
Lobdengau-Museum
LADENBURG
106
Schlittweg
SECKEN-
HEIM
15
Römerstein
13
Neckarhausen
104
Reithalle
109
3
101
Oberfeld
Burgenstraße
Rombach
Weiherhof
-Neckarhausen
NSG
Suebenheim
Neubotzheim
656
Edingen-Nord
5
E35
101
Pferderennbahn
Mannheim-Friedrichsfeld
Neckar
Edingen-
36 Dossenheim
4
Mannheim-Seckenheim
Neu-Edingen
Schwabenheim
Waldgewann
12
Forst
NSG
Edinger Hof
MA-Friedrichsfeld-Süd
Wildgehege
FRIEDRICHSFELD
106
Unterfeld
108

Hafen Mannheim im Nebel

Von Heidelberg nach Mannheim entlang dem Neckar (~25 km)

8 von Plöck an Galeria Kaufhof nach rechts zum Neckar → links dem Neckar entlang → über *Ernst-Walz-Brücke* → links dem Neckar entlang →

11 den Zoo auf *Tiergartenstraße* rechts umrunden → links weiter auf *Tiergartenstraße* → Kläranlage rechts umrunden → *Neckargewann*

12 hinter Autobahnunterquerung links direkt dem Neckar entlang → auf *Neckarufer* →

13 am Anleger von **Ladenburg** rechts auf *Neckarstraße* → links weiter → links *Am Neckardamm* → Eisenbahnbrücke unterqueren → *Ilvesheimer Straße* → in Linksbogen über

14 Brücke über den Neckar → auf *Ladenburger Straße* durch **Ilvesheim** → Schloss Ilvesheim → *Schlossstraße* → links auf *Brückenstraße* →

15 über Neckarbrücke → rechts und direkt am Neckar entlang → Autobahn und Bundesstraße unterqueren → immer zwischen Neckar und Gleisen entlang → auf Höhe des Fußballstadions Gleise unterqueren und rechts weiter diesen entlang am *Hans-Reschke-Ufer* → vorbei an Luisenpark → *Josef-Braun-Ufer* → *Cahn-Garnier-Ufer* →

16 *(siehe Karte auf Seite 183)* **Kurpfalzbrücke** → ab hier weiter auf dem Rheinradweg.

Mannheim – Stadt am Fluss

❹ Bogen nach **Bühl** (dort trifft man vom Schlenker retour von Schloss Schwetzingen wieder hinzu) → scharf links zum Altrhein → Anlegestation Kollerfähre →

❺ rechts zwischen Baggerseen Richtung **Rohrhof** → vor dem Ort links → rechts, vorbei an Tennisplatz und Hundefreunden → links haltend auf *Rheinauer Straße* → Radweg parallel zu *Rohrhofer Straße*

❻ an Bahngleisen rechts bis *Schwetzinger Landstraße* → dort links durch Bahnunterführung → links durch **Rheinau** → an *Rheinauer Ring* links Richtung Mannheim Zentrum → weiter auf Anliegersträßchen → nach links über Brücke zu Kreisverkehr →

❼ vor Fähre Altrip rechts auf *Altriper Straße* → links Radweg entlang *Plinaustraße* → *Aufeldstraße* → *Marguerrestraße* → links auf *Rheinbadweg* →

❽ an den großen Tanks rechts am Zaun entlang → links auf Damm → vorbei an mehreren Tennis- und Sportanlagen →

NECKARAU
RHEINGÖNHEIM
RHEIN
NSG
Deponie
Röm. Kastell
Kiefweiher
Weißes Häusel
Am Altrhein
96
Hoherweg
97
Rehbach
Waldmühle
Haus Fink
Haus Kief
Altrip
Waldpark
Im Altrheingrund
Im Krappen
91
Kieswerk
Blaue
Adria
Am Strandhotel
Neuhöfener Altrhein
Rheinauenhof
Riedhof
Wald-
friedhof
Neuhofen
Staatsforst
Riedwald
95
94
Bärenpfuhl
Schlicht
Wolfgangsee
Mörschweg
94
Waldsee
93
Pfingstberg
Burgenstr.
Wildgehege
36
RHEINAU
108
E50
Rheinauhafen
6
300
295
Rheinauer See
95
Entenfang
Rohrhof
28
Mannh.
Schwetzingen
5
7
8

Schloss Mannheim bei Nacht

❾ durch Waldpark → an ersten Häusern links auf Radweg → durch Park → Brückenzufahrten unterqueren →

❿ Mannheim Zentrum/Ziel

Schlenker zum BASF Besucherzentrum in Ludwigshafen

⑰ Rhein über Konrad-Adenauer-Brücke überqueren → rechts *Lichtenberger Straße* → *Zollhofstraße* → *Rheinuferstraße* → Zufahrten zu Kurt-Schumacher-Brücke unterqueren → bei *Hemshofstraße* links auf *Carl-Bosch-Straße* → BASF Besucherzentrum →
retour zu Schloss Mannheim →

Start

❶ **Schloss Mannheim** → *Bismarckstraße* überqueren → links → bei *Carl-Philipp-Platz* rechts bis *Luisenring* → rechts →

❷ über *Kurpfalzbrücke* Neckar überqueren → hier strößt Schlenker aus Heidelberg wieder zum Rheinradweg hinzu → links auf *Dammstraße* → Rheinradweg →

LUDWIGSHAFEN
am Rhein
MANNHEIM
BASF-Besucherzentrum
Neckar
Museumsschiff
Kurpfalzbrücke
WOHLGELEGEN
JUNGBUSCH
Reiss.-Engelh.-Museen
Start/Ziel
Uni-versität
Städtische Kunsthalle
Friedrichsplatz mit Wasserturm
Luisen-park
Fernmeldeturm
Carl-Benz-Stadion
Neuost-heim
TECHNOSEUM
Burgenstr.
Landeplatz Mannheim
NEUHERMS-HEIM
OSTSTADT
Hbf.
Ebertpark
Autohof
Wilhelm-Hack-Museum
Ludwigshafen-Stadt
Große Blies
RHEIN
LINDENHOF
Eis-stadion
Südwest-Stadion
Stadt-park
Pegelhaus
MUNDENHEIM
NSG Reiß-insel
Wald-park
St. Marien-Krankenh.
Mannh.-Neckarau
Mannheim-Rangierbahnhof
Casterfeld
NECKARAU

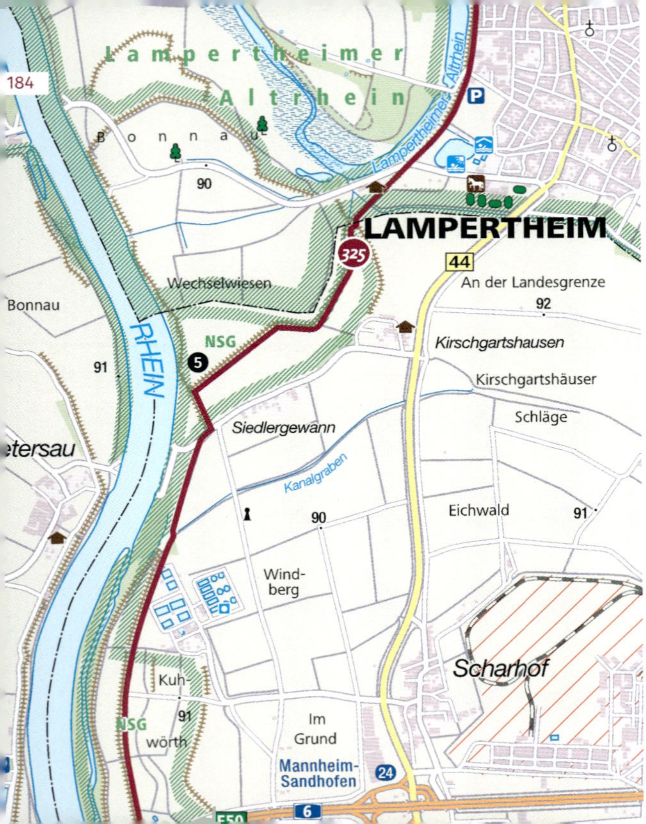

❸ Kammerschleuse im Hafengebiet überqueren → links dem Wasserlauf folgen → dem Neckar entlang bis zur Mündung in den Rhein → über **Friesenheimer Insel** →

❹ Neckarfähre (Betrieb nur im Sommer!) / im Winter Umweg durch Mannheim und dem Altrheinarm entlang → links auf Deichweg Richtung Lampertheim / Worms →

❺ rechts nach **Lampertheim** → weiter auf dem Deich → *Wormser Straße* überqueren →

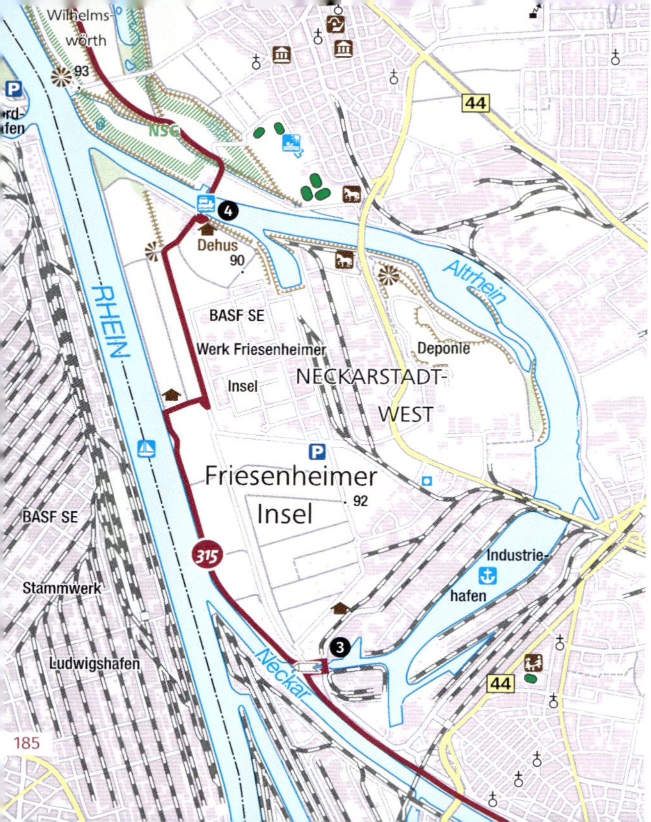
Wilhelms-
wörth
93
NSG
4
Dehus
90
RHEIN
BASF SE
Werk Friesenheimer
Insel
NECKARSTADT-
WEST
Altrhein
Deponie
Friesenheimer
Insel
92
BASF SE
315
Stammwerk
Industrie-
hafen
3
Neckar
Ludwigshafen
44
44

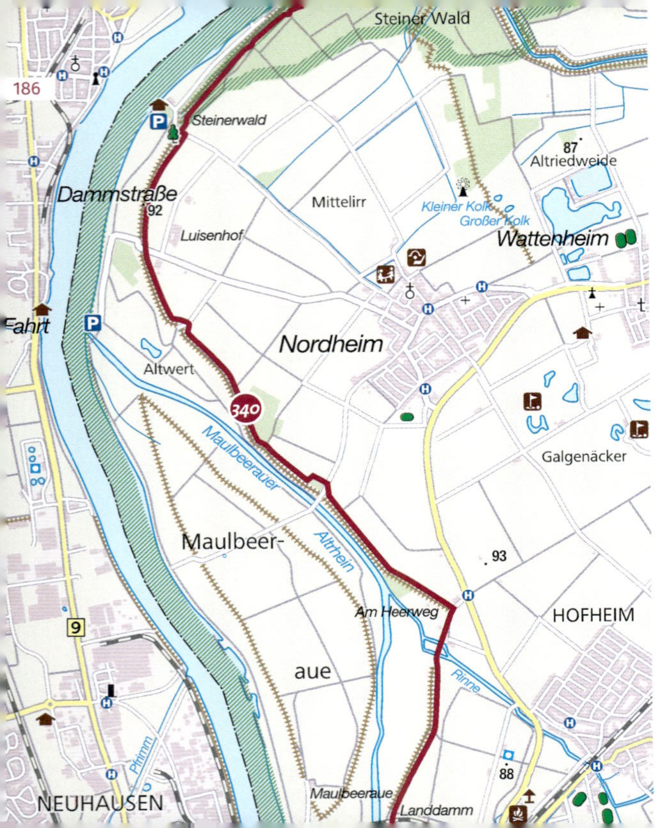

❻ links in *Chemiestraße* → beim Parkplatz vom BASF Lampertheim die *Wormser Straße* abermals überqueren → Küblinger Weg → direkt rechts den Stefansgraben überqueren → dann links stets entlang vom Stefansgraben bis Siedlungsbeginn von Rosengarten und geradeaus auf die Alte Wormser Straße →

❼ *Nibelungenstraße* geradeaus überqueren und weiter auf *Rheingoldstraße geradeaus* → in der Linkskurve rechts ab auf einen Feldweg und die Siedlung verlassen → Am Ende des Weges rechts auf die Hofheimer Straße → ein kurzes Stück auf dem Radweg und dann gleich links auf einem Feldweg in Richtung Altrhein → rechts halten bis zur Unterquerung der

❽ Eisenbahnbrücke → dem Straßenverlauf folgen → an rechtem Winkel links abbiegen → zu Altrhein → Deichweg → Nordheim, Luisenhof und Steinerwald passieren →

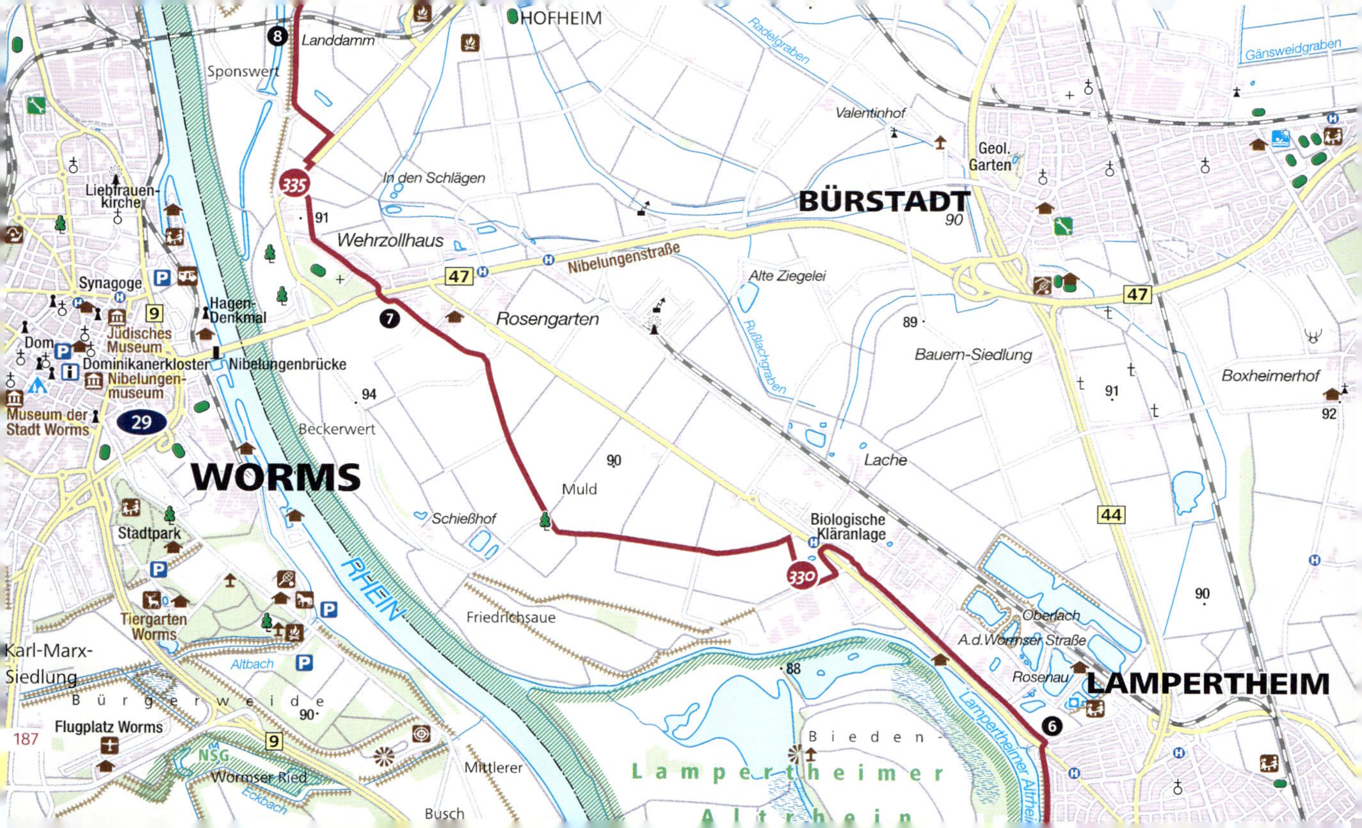
HOFHEIM
Landdamm
Sponswert
Radelgraben
Gänsweidgraben
Valentinhof
Geol. Garten
In den Schlägen
BÜRSTADT
90
335
91
Wehrzollhaus
Nibelungenstraße
47
Alte Ziegelei
Liebfrauen-kirche
Synagoge
Hagen-Denkmal
9
Jüdisches Museum
Dom
Dominikanerkloster
Nibelungenbrücke
Nibelungen-museum
Museum der Stadt Worms
29
Rosengarten
Rußlachgraben
89
Bauern-Siedlung
Boxheimerhof
91
92
94
Beckerwert
WORMS
90
Muld
Lache
Schießhof
Biologische Kläranlage
44
330
Stadtpark
RHEIN
Friedrichsaue
Oberlach
A.d.Wormser Straße
Tiergarten Worms
Karl-Marx-Siedlung
Altbach
88
Rosenau
LAMPERTHEIM
Bürgerweide
90
Flugplatz Worms
NSG
Wormser Ried
Eckbach
Mittlerer
Busch
Bieden-
Lampertheimer Altrhein
Lampertheimer Altrhein

Stockstadt
am Rhein
Waldmühle
Ulmenhof
Brunnenhof
Fanggraben
Modau
Mühlwert
89
Große Bütt
Schmalwert
NSG
Flochheim
90
Altrhein
Altbach
Rheinhalle
Büttenhof
Auenhof
Rheinwiesenhof
Wechsel-
see
Biebesheim
am Rhein
Rheinwiese
Ellenloch
Vogelpark
Heegstück-
see
Allmen
90
Allmenteiche
RHEIN
Kisselkaute
Gimbsheimer Fahrt
365
Haarlach-Gr.
Platanenhof
Gimbsheim
Hühnerfarm
Im Königsgarten
90
Erdöl-
Strohnert
gebiet
Im Abel
Die Reifenberger
Hirschenböhl
Meerwasser
Altrhein-
see
Wochenend-
häuser
Steinswörth
Wochenendhäuser
GERNSHEIM
Eicher See
Rheinteilungen
Gernsheimer Fahrt
360
2
· 87
Weide
Aspen
Elisabethen-
see
Heinrichs-
Talaue-
See
NSG
Zum Karpfengrund
In den Vierzehnern
Start/Ziel
1
12
Heimat-
museum

❾ *Weschnitzbrücke* überqueren →
❿ Kernkraftwerk Biblis → auf Deichweg durch Hammer Aue zu See → nach 1,5 km scharf rechts →

⓫ vor B44 links auf Radweg → **Klein-Rohrheim** → *Mannheimer Straße* → *Wormser Straße* →
⓬ **Gernsheim/Ziel**

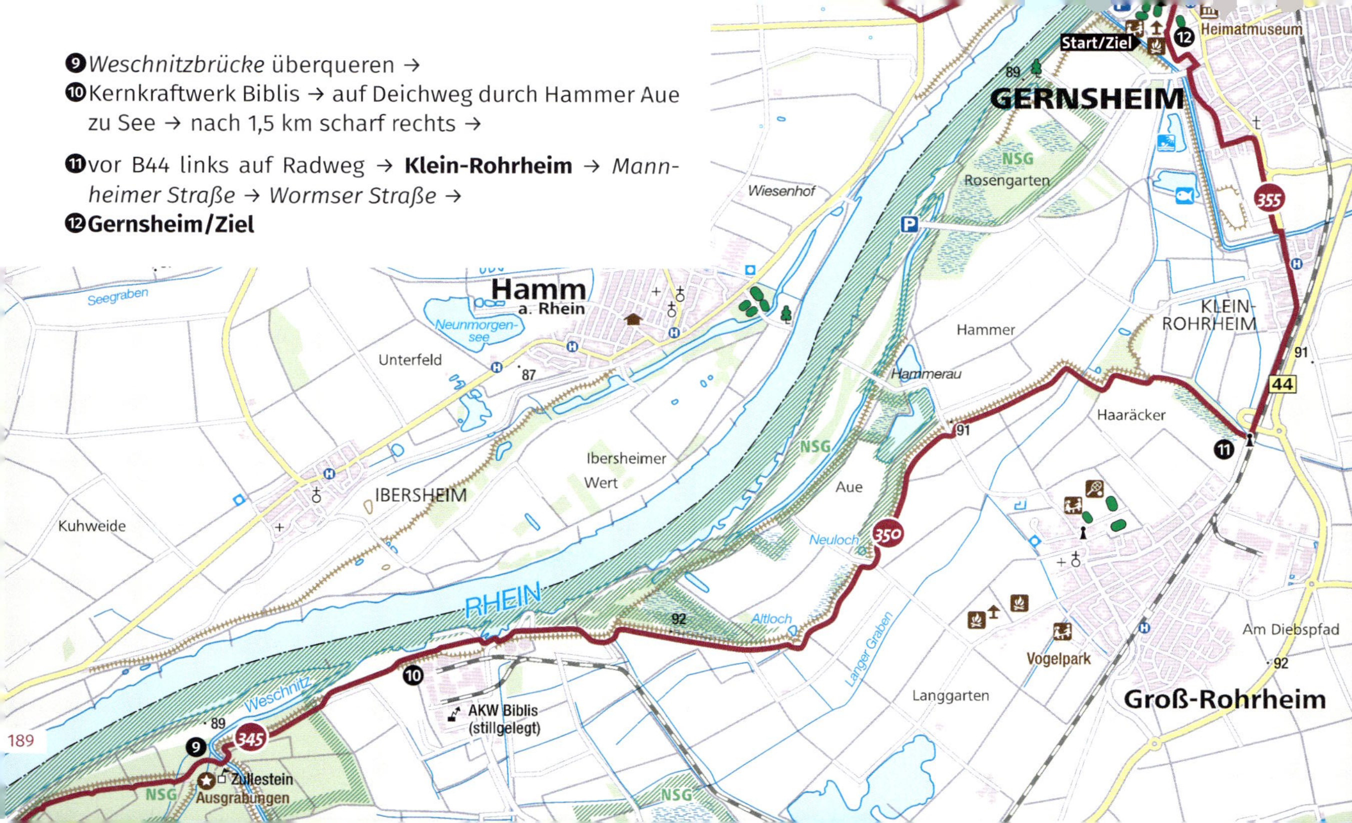

Start

❶ **Gernsheim** → mit Fähre Eich-Gernsheim den Rhein überqueren → L440 → rechts auf *Gabrielenufer* →

❷ Eicher See → dem Rheinufer entlang → vorbei am rechtsrheinisch gelegenen Naturschutzgebiet Kühkopf-Knoblochsaue →

❸ Flugplatz Oppenheim → großer Linksbogen → auf *Rheinstraße* → rechts *An der Festwiese* → links auf *Fährstraße* →

❹ **Oppenheim** →

Naturschutzgebiet Kühkopf

Katharinenkirche Oppenheim

❺ rechts dem Oppenheimer Hafen entlang → *Rheinallee* → vorbei an Rheinfähre Landskrone Nierstein–Kornsand →

❻ **Nierstein** → hinter dem Bahnhof links → Gleise unterqueren → *Dammgasse* → *Hinter Sundheim* → rechts auf *An der Kaiserlinde* → rechts auf *Lange Gasse* → am Paläontologischen Museum rechts auf *Rheinstraße* → links auf *An der Glöck* → links auf *Abtsgasse*→ rechts auf *Breitgasse* → sofort links auf *Kiliansweg* → auf Wirtschaftsweg parallel zur Bahn und zum Rhein →

❼ rechts den beschrankten Bahnübergang überqueren → links auf Radweg zwischen Bahn und B9, rechts die Rheininsel Kisselwörth →

❽ **Nackenheim** → dem Rhein entlang →

❾ vor der Autobahnbrücke bei **Laubenheim** links → Brücke nach rechts unterqueren → durch Gewerbezone wieder direkt zum Rhein → Eisenbahnbrücke unterqueren → am Ufer entlang und links →

❿ **Mainz Zentrum/Ziel**

Lörzweiler
Eichelsbach
Hängstäcker We
Rolländer Berg
188
Königsstuhl
175
Brudersberg
Fockenberg
Diebsweg
Holzgewann
161
195
Gransberg
Paläontolog. Museum
Nierstein
Silberkaute
165
Schwabsburg
Schloßberg
Schwabsburg
Froschmühle
Galgenberg
154
Sironabad
Ebersberg
149
Im Ried
Kalk
420
OPPENHEIM
Gemarkrech
Ruine Landskrone
Katharinenkirche
Stadtmuseum
Benn
Engelklauer Graben
380
375
Ludwigsau
Ludwigsaue
Hessenaue
84
Schutzhafen
Altwasser
Großer Gold- grund
NSG
Unterer Kornsand
86
Aue
Kornsand
RHEIN
Hafen
Rheinblick
Wehlerthof
Sonnenhof
Nachtweide
Mittelsütters
Wochenend- häuser
Badesee
Baggersee Kiebert
Wiesenhof
Wächterstadt
Hauptkanal
Kiesgruben
Seemann
Ober- wiesensee
Eichhof
Grenzhof
Am Brückelchen
GEINSHEIM
85
Hohlwiese
Parallelgraben
Wiesenhöfe
Hohes Kammerfeld
Riedsee
Südsee
Kammerhöfe

MAINZ
GINSHEIM-
GUSTAVSBURG
KOSTHEIM
GUSTAVSBURG
GINSHEIM
WEISENAU
LAUBENHEIM
BRETZENHEIM
MARIENBORN
RHEIN
Main
Maaraue
Mainspitze
German.Mus.
Landes-
museum
Naturhistorisches
Mus.
Theodor-
Heuss-Brücke
Hbf.
Fastnachts-
museum
Dom
ZIEL
Gutenberg-Mus.
Holztor
Diözesan-
mus.
MZ-Süd
Zitadelle
Museum
für Antike
Schifffahrt
Rettungsstation
Volkspark
Aussichtsturm
am Mainhafen
Floßhafen
Torturm
Gustavsburg
Bruchweg-
stadion
Universität
Coface
Arena
Zahlbach
Pariser Straße
Wildgraben
Alte Ziegelei
Mainz-
Hechtsheim-Ost
Mainz-
Hechtsheim
West
Heilig Geist
Gewann
Mainz
Lerchenberg
Kreuz Mainz-Süd
Bergweg
Chausseehaus
Hinter dem Chausseehaus
Mainz
Weisenau
Mainz-
Laubenheim
Am
Großberg
Kalkstein
Laubenheimer Höhe
Ginsheimer
Ginsheim-
Gustavsburg
Mainspitz-
Dreieck
Silbersee
Rheinauen
Schiffs-
mühle
Nonnenau
Kilianshof
30
31
10
9
390
43
40
671
E42
60
63
6
7
20
21
22a
22b
23
24
25
26
2
85
82
84
89
106
121
127
128
129
132
133
198
180

Zeit, den Akku aufzuladen

Deine Radreise soll ein unvergessliches Erlebnis werden. Dazu gehört auch das Aufladen der Akkus sowohl von Mensch als auch Maschine. Verlässliche und aktuelle Informationen hierzu finden sich auf den Seiten der Tourismusverbände und Tourist-Information der Orte.

ANREISE & ABREISE

Alle Start- und Zielorte sind mit Bus und Bahn zu erreichen. Die Mitnahme von Fahrrädern in Zügen/Bussen wird allerdings sehr unterschiedlich gehandhabt und ist zeitlichen Einschränkungen unterworfen. Informiere dich deshalb vorab:

Deutsche Bahn
www.bahn.de/service/individuelle-reise/bahn_und_fahrrad

TOURENPLANUNG

Beachte bei der Tourenplanung, dass viele stadtnahe Radwege an Wochenenden und Feiertagen stark frequentiert sind. Reserviere deine geplanten Übernachtungen vorab, vor allem, wenn du mit mehreren Personen oder in der Hochsaison unterwegs bist. Informationen zu Übernachtungsmöglichkeiten kannst du auf den Seiten der jeweiligen Tourismusverbände finden.

UNTERWEGS MIT KINDERN

Passe die Fahrstrecke den Bedürfnissen und Fähigkeiten deiner Kinder an. Durch die flache Wegführung und die vielen Einkehrmöglichkeiten direkt am Weg sind alle Abschnitte für Kinder geeignet. Nutze die lohnenswerten Schlenker und andere interessante Ausflugsziele unterwegs (Tier- und Naturparks, Badeseen, Minigolfanlagen usw.), um die Radtour abwechslungsreich zu gestalten. Genügend zu Trinken, etwas Obst und vor allem Badesachen sollten nicht fehlen.

ORTE & TOURISMUS-BÜROS

Andernach
Stadtmarketing
Hochstraße 80
56626 Andernach
Tel. +49 (0)2632/9879480
www.andernach.net

Bacharach
Stadtverwaltung
Oberstr. 10
55422 Bacharach
Tel. +49 (0)6743/919303
www.bacharach.de

Bad Bellingen
Tourist-Info
Badstr. 14
79415 Bad Bellingen
Tel. +49 (0)7635-8080
www.bad-bellingen.de

Bad Breisig
Tourist-Information
Koblenzer Str. 39
(Kurpark)
53498 Bad Breisig
Tel. +49 (0)2633/45630
www.bad-breisig.de

Bad Hönningen
Tourist-Information
Hauptstraße 84
53557 Bad Hönningen
Tel. +49 (0)2635/2273
www.bad-hoenningen.de

Bad Honnef
Rathaus
Rathausplatz 1
53604 Bad Honnef
Tel. +49 (0)2224/1840
www.bad-honnef.de

Bad Säckingen
Tourismus GmbH
Waldshuter Str. 20
79713 Bad Säckingen
Tel. +49 (0)7761-56830
www.bad-saeckingen-tourismus.de

Basel
Tourist-Info
Steinenberg 14
CH-4051 Basel
Tel. +41-(0)61-2686868
www.basel.com

Bendorf
Tourist-Information
Im Stadtpark 1
56170 Bendorf
Tel. +49 (0)2622/7073
www.bendorf.de

Bingen am Rhein
Tourist Information
Rheinkai 21
55411 Bingen am Rhein
Tel. +49 (0)6721/184200
www.bingen.de

Bonn
Tourist Information
Windeckstr. 1
(Münsterplatz)
53111 Bonn
Tel. +49 (0)228/775000
www.bonn.de

Boppard
Tourist Information
Marktplatz
(Altes Rathaus)
56154 Boppard
Tel. +49 (0)6742/3888
www.boppard-tourismus.de

Braubach
Tourist-Information
Rathausstraße 8
56338 Braubach
Tel. +49 (0)2627/976001
www.braubach.de

Breisach
Breisach-Touristik und
Kaiserstuhl-Tuniberg
Tourismus e.V.
Marktplatz 16
79206 Breisach
Tel. +49 (0)7667-940155
www.breisach.de

Eltville am Rhein
Magistrat
Burgstraße 1
65343 Eltville am Rhein
Tel. +49 (0)6123/90980
www.eltville.de

Germersheim
Tourist-Info
Paradestraße 10
76726 Germersheim
Tel. +49 (0)7274-960260
www.germersheim.de

Gernsheim
Rathaus
Stadthausplatz 1
64579 Gernsheim
Tel. +49 (0)6258/1080
www.gernsheim.de

Hohentengen
Verkehrsamt
Kirchstr. 4
79801 Hohentengen
Tel. +49 (0)7742-85350
www.hohentengen.de

Karlsruhe
Tourist-Info
Kaiserstraße
76133 Karlsruhe
Tel. +49 (0)721-602997580
www.karlsruhe-
tourismus.de

Kehl
Kehl Marketing GmbH
Tourist-Info
Rheinstraße 77
77694 Kehl
Tel. +49 (0)7851-881555
www.kehl.de

Koblenz
Tourist-Info
Hauptbahnhof
Zentralplatz 1
56068 Koblenz
Tel. +49 (0)261/1291610
www.koblenz-touristik.de

Köln
Tourismus GmbH
Kardinal-Höffner-Platz 1
50667 Köln
Tel. +49 (0)221/3446430
www.koelntourismus.de

Königswinter
Stadtverwaltung
Drachenfelsstr. 9
53639 Königswinter
Tel. +49 (0)2244/8890
www.koenigswinter.de

Lahnstein
Stadtverwaltung
Salhofplatz 3
56112 Lahnstein
Tel. +49 (0)2621/914171
www.lahnstein.de

Laufenburg
Tourismus- und Kulturamt
Hauptstr. 26
79725 Laufenburg
Tel. +49 (0)7763-806141
www.laufenburg.de

Ludwigshafen
Info-Center
Rheinpromenade 10
67061 Ludwigshafen
Tel. +49 (0)621-5604147
www.ludwigshafen.de

Tourist-Information
Berliner Platz 1
67059 Ludwigshafen
Tel. +49 (0)621/512036
www.lukom.com

Mainz
Touristik Centrale
Brückenturm am Rathaus
Rheinstraße 55
55116 Mainz
Tel. +49 (0)6131/242888
www.mainz-tourismus.com

Mannheim
Tourist-Information
Willy-Brandt-Platz 5
68161 Mannheim
Tel. +49 (0)621-2938700
www.tourist-mannheim.de

**Neuburgweier/
Rheinstetten**
Stadt Rheinstetten
Rappenwörthstr. 49
76287 Rheinstetten
Tel. +49 (0)7242-95140
www.rheinstetten.de

Neuwied
Tourist-Information
Pavillon Luisenplatz,
Marktstr. 59
56564 Neuwied
Tel. +49 (0)2631/8025555
www.neuwied.de

Niederkassel
Stadtverwaltung
Rathausstr. 19
53859 Niederkassel
Tel. +49 (0)2208/94660
www.niederkassel.de

Nierstein
Gemeindeverwaltung
Bildstockstr. 10

55283 Nierstein
Tel. +49 (0)6133/960500
www.nierstein.de

Oberwesel
Tourist Information
Rathausstr. 3
55430 Oberwesel
Tel. +49 (0)6744/710624
www.oberwesel.de

Oppenheim
Touristinfo
Merianstr. 2
55276 Oppenheim
Tel.+49 (0)6133/490914
oder -15
www.stadt-oppenheim.de

Rastatt
Tourist-Info
Herrenstraße 18
76437 Rastatt
Tel. +49 (0)7222-9721220
www.landkreis-rastatt.de

Remagen
Touristinformation
Bachstr. 5
53424 Remagen
Tel. +49 (0)2642/20187
www.remagen.de

Rheinfelden
Tourismus
Marktgasse 16
CH-4310 Rheinfelden
Tel. +41-(0)61-8355200
www.tourismus-rheinfelden.ch

Sasbach
Tourist-Information
Maienstr. 14
77880 Sasbach
Tel. +49 (0)7841-6666812
www.sasbach-ortenau.de

Schaffhausen
Schaffhauserland
Tourismus
Vordergasse 73
CH-8200 Schaffhausen
Tel. +41-(0)52-6324020
www.schaffhauserland.ch

Speyer
Tourist-Information
Maximilianstr. 13
67346 Speyer
Tel. +49 (0)6232-142392
www.speyer.de

Stein am Rhein
Tourismus
Oberstadt 3
CH-8260 Stein am Rhein
Tel. +41-(0)52-6324032
www.steinamrhein.ch

Strasbourg
Office de Tourisme
17 place de la Cathédrale
F-67082 Strasbourg
Tel. +39-(0)388-522828
www.otstrasbourg.fr

Waldshut
Tourist-Info
Wallstr. 26
79761 Waldshut-Tiengen
Tel. 07751-833200
www.waldshut-tiengen.de

Basler Münster

FINDE
Deinen Augenblick
Der Autor deiner Abenteuer bist du. Halte sie in unserem neuen Tourenbuch fest und mach deine Bike-Touren unvergesslich.
©mRGB - stock.adobe.com
KOMPASS
Fahrradlust
FAHRRAD TOURENBUCH

IMPRESSUM

© KOMPASS-Karten, A-6020 Innsbruck (22.01)
1. Auflage 2022 Verlagsnummer 6924 ISBN 978-3-99121-323-9

Text: Julia Bihar

Titelbild: Kurze Rast an der Rheinpromenade (© Elizaveta – stock.adobe.com)

S. 4/5, 8/9 oben, 64/65, 151: © Stadt Kehl
S. 6/7 oben, 30/31, 32, 32/33, 34, 196/197, 204/205: © Basel Tourismus
S. 6/7 unten, S. 46/47: © Breisach-Touristik, Fotograf: Ivan Andreijic
S. 8/9 unten, 73, 76/77, 78, 165: © KTG Karlsruhe Tourismus GmbH
S. 10/11 oben, 104/105, 200/201: © Stadtmarketing Mannheim GmbH, Ben van Skyhawk
S. 10/11 unten, 116/117: Hans – Pixabay
S. 12/13: © DisobeyArt – stock.adobe.com
S. 14/15; S. 16/17: © Ira Budanova – stock.adobe.com
S. 18/19: © rustamark – stock.adobe.com
S. 20/21: © YesPhotography – stock.adobe.com
S. 22/23: © dusanpetkovic1 – stock.adobe.com
S. 24/25: © Diamant Fahrradwerke GmbH
S. 26/27: © Pawel Michalowski – stock.adobe.com
S. 36/37: © Vitra Design Museum, Fotograf: Mark Niedermann
S. 38, 130: © Dreiländermuseum
S. 39, 132: © Gemeinde Efringen-Kirchen
S. 40/41: © M W – Pixabay
S. 42/43 oben, 198/199: © A Vue de Coucou
S. 42 unten: © Tama66 – Pixabay
S. 44/45: © Engin Akyurt – Pixabay
S. 48/49: © Naturgarten Kaiserstuhl, Fotograf: Schröder-Esch
S. 50 unten: © Gennaro_Leonardi – Pixabay
S. 50/51 oben: © mariesacha – Stock.adobe.com
S. 52: © Gemeinde Rust
S. 54, 147: © Benoit Lindner
S. 55: © Gemeinde Schwanau, Michael Sauer
S. 56/57 unten, 59 oben, 126/127: © Philippe de Rexel, OTSR
S. 57 oben: © Christophe Hamm, OTSR
S. 58/59 unten, 202/203: © Paul Prim, OTSR
S. 60/61: © Christophe Urbain, OTSR
S. 62/63: © Niko Endres – stock.adobe.com
S. 66/67, 68/69 oben und unten: © OTPR
S. 70/71: © Staatliche Schlösser und Gärten Baden-Württemberg , Dirk Altenkirch
S. 72, 163: © SyLaVie – Pixabay
S. 74/75: © Walter Theil
S. 80/81: © Stadtmarketing Mannheim GmbH, Ben van Skyhawk
S. 82/83: © Cornelia Haag
S. 85, 171: © Britta Hoff
S. 86: © Stadt Speyer
S. 87: © Technik Museum Speyer
S. 88/89: © traveldia – stock.adobe.com
S. 90/91: © Hockenheim-Ring GmbH
S. 92/93: Staatliche Schlösser und Gärten Baden-Württemberg, Christoph Hermann
S. 94/95: © Tobias Schwerdt
S. 96/97: © Alexas_Fotos – Pixabay

S. 98, 99: © Stadtmarketing Mannheim GmbH, Fotograf: Achim Mende
S. 100/101: © Stadtmarketing Mannheim GmbH
S. 102: © Niko Endres – stock.adobe.com
S. 107: © BASF SE
S. 108/109: Couleur – Pixabay
S. 110, 110/111, 112/113: © Fotos Stadt Worms, Bernward Bertram
S. 114/115: © Paul Grecaud – stock.adobe.com
S. 118, 191 rechts: © simschmidt – Pixabay
S. 120/121: © Schiffsmühle Ginsheim am Rhein e.V.
S. 123: © Landeshauptstadt Mainz
S. 124/125: © Fotolyse – stock.adobe.com
S. 136: © TI Neuenburg
S. 141: © Julian Semet, Schwarzwald Tourismus
S. 143: © P. Littner, Naturgarten Kaiserstuhl
S. 145: © Chris Keller, Schwarzwald Tourismus
S. 161: © Staatliche Schlösser und Gärten Baden-Württemberg, Günther Bayerl
S. 168: © Anrita1705 – Pixabay
S. 175: © Staatliche Schlösser und Gärten Baden-Württemberg, Thomas Wagner
S. 177: © Tobias Schwerdt, Heidelberg Marketing GmbH
S. 179, 180: © Wirtschaftsförderung, Ben van Skyhawk
S. 182: © Michael Zellmer
S. 191 links: © Umweltbildungszentrum Schatzinsel Kühkopf

Grafische Herstellung: Julia Bihar
Kartenausschnitte: © KOMPASS-Karten GmbH
Kartengrundlage für Extra-Tourenkarte: © MairDumont, D-73751 Ostfildern 4

Alle Angaben und Tourenbeschreibungen wurden nach bestem Wissen gemäß unserer derzeitigen Informationslage gemacht. Die Radtouren wurden sehr sorgfältig ausgewählt und beschrieben, Schwierigkeiten werden im Text kurz angegeben. Es können jedoch Änderungen an Wegen und im aktuellen Naturzustand eintreten. Radfahrer und alle Kartenbenützer müssen darauf achten, dass aufgrund ständiger Veränderungen die Wegzustände bezüglich Befahrbarkeit sich nicht mit den Angaben in der Karte decken müssen. Bei der großen Fülle des bearbeiteten Materials sind daher vereinzelte Fehler und Unstimmigkeiten nicht vermeidbar. Die Verwendung dieses Radreiseführers + Extratourenkarte erfolgt ausschließlich auf eigenes Risiko und auf eigene Gefahr, somit eigenverantwortlich. Eine Haftung für etwaige Unfälle oder Schäden jeder Art wird daher nicht übernommen. Für Berichtigungen und Verbesserungsvorschläge ist die Redaktion stets dankbar. Korrekturhinweise bitte an folgende Anschrift:

KOMPASS-KARTEN GMBH
Karl-Kapferer-Straße 5, A-6020 Innsbruck
www.kompass.de/service/kontakt